RUDI HAGHUBER
01.07.2016

*Rasso Knoller*

*Die Dancing Queen im Schärengarten*

*Stockholmer Spiegelungen*

*Rasso Knoller*

# *Die Dancing Queen im Schärengarten*
## *Stockholmer Spiegelungen*

*Picus Lesereisen*

*Picus Verlag Wien*

Grafische Gestaltung: Dorothea Löcker, Wien
Umschlagabbildung: © Bo Zaunders/CORBIS
Druck und Verarbeitung: Remaprint, Wien
ISBN: 978-3-85452-941-5

Informationen über das aktuelle Programm
des Picus Verlags und Veranstaltungen unter
*www.picus.at*

# *Inhalt*

# *Ouvertüre*

## *Sonnenaufgang über der Stadt*

*Wer im Stockholmer Sommer bis zum Sonnenaufgang feiert, kommt früh nach Hause*

Es ist spät geworden. Richtig spät. Bis halb drei in der Kneipe, und dann hinaus in den Sonnenaufgang. Als ich mitten in der Nacht aus dem »Göta Källaren« hinaustrete, blickt mir das Morgenrot entgegen. Ich bin noch gar nicht zu Bett gegangen, und die Sonne ist schon wieder kurz davor aufzugehen.

Ich möchte ihr dabei zusehen. Das geht besonders gut von der Fjällgatan aus, der Straße, die hoch über Stockholm an einer Klippe entlangführt. Von hier aus genießt man einen herrlichen Blick über die Stadt. Hier halten tagsüber die Touristenbusse und spucken ihre Fahrgäste aus, damit sie Fotos schießen können. Die Wohnungen hier in der Straße hat die Stadt zu günstigen Preisen an bekannte Künstler vermietet. Dieser Ort, diese Sicht soll die Künstler inspirieren. Je schöner der Blick, desto besser die Kunst – so jedenfalls scheint man es im Stockholmer Stadtparlament zu sehen.

Der Himmel ist von einem zarten rosa Schleier überzogen. Noch liegt die Sonne in ihrem Bett, streckt und räkelt sich. Aufstehen wird sie erst in einer halben Stunde. Die Vögel aber begrüßen sie schon jetzt. Um diese Tageszeit geben sie den Ton an. Niemand ist lauter als sie. Die meisten sitzen noch müde in den Ästen, die aktiveren sind aber schon zu ersten kleinen Ausflügen unterwegs. Steigen in die Lüfte. In eine Höhe, von der aus sie noch besser über Stockholm blicken können als ich von meiner Klippe aus. Vereinzelt höre ich Geräusche von Autos. Vermutlich Taxis, die Nachteulen wie mich nach Hause bringen.

Nachteulen! Die passen so gar nicht in den schwedischen Sommer. Ende Juni wird es kaum noch dunkel. Im Norden des Landes – jenseits des Polarkreises – scheint die Sonne sogar rund um die Uhr. In der Hauptstadt darf sie zumindest für ein paar Stunden zu Bett gehen. Aber auch hier geht das Abend- fast übergangslos in ein Morgenrot über.

Jetzt erhebt er sich langsam vor mir, der riesige Feuerball. Taucht am Horizont, über den Wipfeln der Bäume, auf, als habe er die Nacht im Laubwerk verschlafen. Innerhalb weniger Minuten verändert sich die Farbe des Wassers. Wechselt von blau zu rosa zu rot. Fast gleicht das Meer unter mir einem Lavastrom. Als Nächstes wird die Altstadt in das magische Licht des Morgens getaucht, beginnen die Fenster des Schlosses zu leuchten. Was aussieht wie ein Schlossbrand, ist doch nur die Sonne, die einen guten Morgen wünscht. Ganz langsam steigt sie höher, erklimmt das Dach des Schlosses, dann den Turm der Storkyrka, einer der ältesten Kirchen der Stadt. Sie wird nicht so bald zurücksinken in ihr wärmendes Bett. Für die Sonne gibt es kein Zurück. Ich gehe schlafen, und die Sonne fängt ihr Tagwerk an.

## *Tack, tack und nochmals tack*

*Freundlichkeit ist bei den Schweden Pflicht*

Jetzt ist es also doch passiert. Die Dame an der Kasse war definitiv unfreundlich. Hat mich nicht einmal angelächelt. Geschweige denn gefragt, ob alles recht sei. Auch bedankt hat sie sich nicht, als ich ihr das Geld gereicht habe.

Vier Wochen musste ich auf so viel Rüpelei warten. Vier Wochen, in denen ich mich schon fragte, ob die Schweden ihre Freundlichkeit vielleicht verordnet bekommen. Ich bin hier sogar Menschen begegnet, die ausgesprochen nett zu mir waren, obwohl sie es von Berufs wegen gar nicht sein dürften! Busfahrer beispielsweise: *Tack* – Danke – sagen die in Stockholm immer, wenn sie mir das Ticket reichen, und ich antworte *tack-tack*, worauf der Mann hinter dem Steuer nicht selten noch ein weiteres *tack* verlauten lässt – schließlich möchte er sich ja dafür bedanken, dass ich mich bei ihm bedankt habe.

Oder ein anderes Beispiel: »Wir müssen jetzt alle ein wenig zusammenhelfen und gemeinsam dafür sorgen, dass die draußen Stehenden auch noch im Bus Platz finden«, so hört sich das an einem regnerischen Novembertag in Stockholm an, wenn man in einem bereits überfüllten Stadtbus steht und draußen noch zwanzig klatschnasse

Passagiere warten. Kein Befehl von wegen »Nach hinten durchtreten« oder »Platz machen« war vom Fahrer zu hören. Worte, wie ich sie aus Deutschland kenne.

Selbst negative Antworten oder Absagen werden freundlich verpackt – und meist zusammen mit einer langen Erklärung geliefert. Die Schweden leben für den Konsens – und der ist ihnen selbst dann noch wichtig, wenn sie ihn eigentlich gar nicht erreichen können. Wenn der Bus so voll ist, dass wirklich kein weiterer Fahrgast mehr Platz hat. Dann erklärt der Fahrer dem draußen Stehenden das auch so. Der Durchnässte kann dann akzeptieren, dass seine Bitte abgelehnt worden ist. Und die Schwedenseele hat Ruh.

Manchmal ist die Freundlichkeit der Schweden aber auch Ausdruck von Konfliktscheu. Normalerweise wird so lange geredet, bis ein Kompromiss gefunden ist. Geht das nicht, wird nicht etwa gestritten, sondern man stimmt dem anderen irgendwann zu. Scheinbar zumindest. Der Streit ist vermieden – was aber nicht heißt, dass man die Ansicht des anderen wirklich teilt.

Dieser kulturelle Unterschied wird Geschäftsleuten aus Deutschland oft zum Verhängnis. Sie sind harte Diskussionen gewöhnt, pochen gerne auf ihren Standpunkt und rücken nur selten von ihren Forderungen ab. So mancher Manager aus Deutschland ist schon zufrieden und sich die Hände reibend aus einer Verhandlung gegangen, weil er glaubte, sich gegen den schwedischen Verhandlungspartner durchgesetzt zu haben – um dann später festzustellen, dass der anvisierte Vertrag gar nicht zustande kam. Die Schweden haben ihm nur »um des lieben Friedens willen« zugestimmt.

Freundlichkeit und Bescheidenheit gehen in Schweden Hand in Hand. Deswegen machen die Schweden auch kein Tamtam um Titel. Ein Dr. Lundgren wird sich nie als Promovierter zu erkennen geben oder auf die Nennung seines Titels pochen. Vermutlich ist der Doktor nicht mal auf seiner Visitenkarte vermerkt. Denn während man in den meisten anderen Ländern danach strebt, die oder der Beste zu sein, bemühen sich die Schweden, so wenig wie möglich aus der Menge herauszuragen. Wo alle gleich sind, ist auch übertriebene Förmlichkeit fehl am Platz. In Schweden wird mit Ausnahme des Königs jeder geduzt – egal, ob Bruder, Nachbar oder Ministerpräsident.

## *Über vierundfünfzig Brücken musst du gehen*

*Stockholm ist eine Stadt am Wasser – sie liegt an der Ostsee und am Mälarsee*

Die Graugänse hatten recht. Sie erzählten dem kleinen Nils Holgersson während ihrer gemeinsamen Reise durch Schweden, dass Stockholm eine Stadt sei, die auf dem Wasser schwimme. Der Flug auf dem Gänserücken bleibt uns Menschen leider verwehrt. Nicht aber der Blick aus dem kleinen Flugzeugfenster während des Anflugs auf den Stockholmer Flughafen Arlanda. Und der zeigt ganz deutlich, wovon die Statistik spricht: dass die Stadt Stockholm zu je einem Drittel aus Wasser, aus Grünflächen und aus bebautem Gebiet besteht.

Von oben würde man auch die vierzehn Inseln erkennen, auf denen Stockholm liegt. Die vierundfünfzig Brücken, die sie miteinander verbinden, könnten allerdings nur Gänse ausmachen, oder Adler mit ihren scharfen Augen. Wen wundert es, dass bei so viel Wasser kaum ein Reiseführer ohne die abgedroschene Floskel »Venedig des Nordens« auskommt? Die hat man in Stockholm lange Zeit selbst verwendet, wird ihrer jetzt aber überdrüssig. Das Selbstbewusstsein der Schweden ist gewachsen und sie haben erkannt, dass Stockholm die Anlehnung an die Lagunenstadt in Norditalien gar nicht braucht. Denn was Schönheit betrifft, kann es Stockholm mit jeder Stadt der Welt aufnehmen – ganz ohne Vergleiche.

Die Schweden sind stolz auf ihre Hauptstadt, und diesen Stolz zeigen sie gerne und häufig. Jeden Sommer strahlt das schwedische Fernsehen Interviews mit Touristen aus, die sich – in der Regel begeistert – über die Stadt äußern. In einem der Interviews sagte ein Herr Mardsen aus England, ein junger Familienvater, er habe während der Rundfahrt im Boot durch den Stockholmer Hafen die ganze Zeit das Gefühl gehabt, in einem Nationalpark unterwegs zu sein. Er lag damit nicht falsch: Denn der Ekopark ist der erste und bisher einzige innerstädtische Nationalpark der Welt und wurde Mitte der neunziger Jahre eröffnet.

Wasser ist in Stockholm immer und überall präsent. Die Ostsee liegt direkt vor der Haustür, und die fast dreißigtausend Schäreninseln sind ein einziger großer Freizeitpark für die Stockholmer. Im Sommer fahren sie mit dem Boot zu den Inseln hinaus, und im Winter dient das zugefrorene Meer als Wanderweg, Loipe oder Eislaufring. Wem das weite Meer nicht reicht, dem steht dann noch der Mälarsee zur Verfügung. Es ist das drittgrößte Gewässer des Landes – und an seinem Ufer liegen weite Teile der Stadt.

## *Ein Mietshaus für Vögel*

*Eric Ericsen will Amsel und Meise zu vollwertigen Mitgliedern der modernen Gesellschaft machen*

Auf dem Dach des Kulturhauses am Sergels Torg stehen vier große Wohnsilos. Insgesamt siebenhundertachtundsechzig Appartements befinden sich dort. In nur wenigen Tagen hat man den Komplex im Zentrum von Stockholm hochgezogen. Das ist ziemlich schnell, und dennoch kein Wunder: Die Häuser sind nämlich nicht für Menschen, sondern für Vögel gedacht.

Ausgedacht hat sich das Projekt Eric Ericsen. Der fünfunddreißigjährige Stockholmer ist Künstler, und er will den Piepmätzen durch ein Leben im Wohnblock endlich Disziplin beibringen. »Bislang ist es doch so: Vögel fliegen einfach frei und ohne Plan herum und bauen ihre Nester, wo es ihnen gerade passt«, sagt Ericsen. Das sei »bedauernswert«, fügt er hinzu. Denn solange sich Vögel derart unangepasst verhielten, könnten sie nicht Mitglieder unserer modernen Gesellschaft werden – und glichen Menschen der Steinzeit, die sich ebenfalls dort ansiedelten, wo es ihnen beliebte.

Die Häuser, die Ericsen für die Vögel auf dem Dach des Kulturhauses gebaut hat, erinnern stark an die Blöcke, die – wenngleich weitaus größer – im Stockholmer Vorort Flemingsberg stehen. Entstanden sind diese acht- bis sechzehnstöckigen Wohnsilos zwischen 1964 und 1974, während des »Millionenprojekts«. Dieses hatte die Regierung damals gestartet, um gegen die Wohnungsnot vorzugehen, die in Schweden herrschte. Das Ziel der Staatsoberen: Innerhalb von zehn Jahren sollten eine Million Wohnungen geschaffen werden. Und zwar vorbildliche. Der moderne Mensch, so die Devise, sollte in Hochhäusern leben, in geräumigen Zimmern mit viel Licht. Zwischen den Wohnblöcken sollte es viel Grün geben, Spielplätze sowieso – das Ganze möglichst billig und deswegen draußen auf der Grünen Wiese, jedoch mit eigener S-Bahn, mit der das Stadtzentrum schnell erreicht werden konnte.

Bürgern der ehemaligen DDR dürfte das Konzept bekannt vorkommen – und sie dürften auch wissen, dass trotz aller lobenswerter An- und Vorsätze die Trabantenstädte alles andere als ein Erfolg waren. Nicht umsonst liegen viele soziale Konfliktpunkte genau dort, wo nach der Vorstellung der Städteplaner eigentlich die glücklichen Großstadtmenschen im Schatten bunt bemalter Wohnblocks spazieren gehen sollten.

Auch Ericsen sagt, mit seinem Kunstprojekt wolle er genau das kritisieren: Irgendwohin Wohnblöcke zu setzen und zu erwarten, dass sich der Mensch genau dort wohlfühle. Seine potenziellen Mieter scheinen dies genauso zu sehen: Auch nachdem der Vogelwohnblock ein paar Wochen auf dem Dach des Kulturhauses stand, war noch kein einziger gefiederter Gast eingezogen.

## *Stockholmer Plätze*

# *Wo man sich zum Flirten trifft*

*Der Park des Königs ist für alle da*

Die langhaarige Frau im engen Geschäftskostüm löffelt ihren Salat aus dem Plastikschälchen. Ihr Begleiter, der neben ihr im Anzug auf den Stufen sitzt, hat einen anderen Geschmack: Vor ihm steht eine McDonald's-Tüte auf dem Boden. Ungeöffnet. Die beiden unterhalten sich angeregt in der Mittagssonne, sind so in das gemeinsame Gespräch vertieft, dass sie die vielen Menschen um sich herum gar nicht wahrnehmen.

Im Kungsträdgården schlägt das Herz der Stadt. Und das kann man durchaus wörtlich nehmen. Hierher kommen die Menschen, um zu träumen. Um abzuschalten. Oder eben, um sich zu verlieben. Und jeder scheint an diesem Platz Zeit zu haben. Die Sommermittagspausen dauern ewig. Blonde Schönheiten zeigen ihre braunen Beine. Selbst ältere Damen und Herren tragen kurz – jeder will etwas von der Sonne abbekommen. Auch die Anzugträger. Wenngleich sie dabei schwitzen, sich allenfalls die Krawatte lockern können.

Der Kungsträdgården wirkt wie ein Magnet auf Jung und Alt. Dabei ist er ein herbes Idyll inmitten der Großstadt. Auf den ersten Blick gibt der zweihundert Meter lange und fünfzig Meter breite Platz nicht viel her: viel Beton und am Rand ein paar Imbissbuden und Restaurants – Stockholm hat weitaus schönere Plätze vorzuweisen. Aber vielleicht sind ja die Hauptstädter deswegen besonders gerne hier, weil sie einst für ihren Platz mit seinen stadtbekannten Bäumen gekämpft haben. Besonders an den großen Ulmen hängen die Stockholmer. Denn die alten, knorrigen Bäume waren die Helden im Ulmenstreit von 1971: Damals hatten die Stadtplaner vor, den Ausgang der U-Bahn genau an den Fleck zu legen, an dem die Bäume wachsen. Diese standen nun im Weg und sollten gefällt werden. Aber da hatten die Städteplaner die Rechnung ohne die Stockholmer gemacht: Die machten sich für ihre Ulmen stark und stiegen ihnen ins Geäst. Die von der Stadt bestellten Baumfäller mussten unverrichteter Dinge mit ihren Motorsägen abziehen. Auf einen langen Streit hatte die Stadtverwaltung offenbar keine Lust: Während man andernorts vielleicht die Polizei hätte aufmarschieren lassen, gab man hier einfach nach. Nach zwei Tagen war die Sache erledigt. Der U-Bahn-Ausgang wurde verlegt.

Die Geschichte des Kungsträdgårdens reicht aber viel weiter zurück. Einst war er der Park des Königs, angelegt im 14. Jahrhundert unter Erich von Pommern. Damals war es dem einfachen Volk streng verboten, den »königlichen Park« zu betreten. In dem kleinen Wäldchen wandelte der König, im Gewächshaus wuchsen seine Blumen, und außerdem ließ Seine Majestät hier Kohl für den königlichen Kochtopf anpflanzen.

Später, zu Beginn des 19. Jahrhunderts, wurden fast alle Bäume gefällt. Licht und Luft sollten den Park durchfluten, das königliche Gewächshaus wurde zum Tanzsaal. Ein paar Jahrzehnte später riss man die Mauern, die den Park einschlossen, nieder und ließ auch das Volk herein. Gleichzeitig wurden noch mehr Bäume gefällt, und die Parkanlage wurde zu einem Platz.

Heute ist der Kungsträdgården immer noch ein Platz des Volkes. Im Sommer verwandelt er sich um die Mittagszeit in ein großes Freiluftrestaurant und am Abend in eine Partymeile. Dann kommen viele von denen, die mittags hier ihre Pause verbracht haben, zurück, um edel zu speisen und zu feiern – und vielleicht tummelt sich unter den Gästen des Parkrestaurants oder Musikpavillons auch das flirtende Kollegenpaar, das mittags auf den Treppenstufen des Kungsträdgärdens so in sein Gespräch vertieft war.

## *Ein Platz zum Dealen und zum Jubeln*

*Der Sergels Torg ist der hässlichste Platz in Stockholm – und zugleich der interessanteste*

*Plattan* – die Platte – nennen ihn die Stockholmer. Einen netteren Kosenamen hat er auch nicht verdient, der Sergels Torg. Schwarze und weiße Bodenplatten im Dreiecksmuster sind die einzige Zierde dieses Ortes – vermutlich ein »Geniestreich« eines Architekten, der den Platz auf diese Weise auflockern wollte. Der Sergels Torg ist das Schmuddelkind unter den Plätzen der Hauptstadt. Keinen einzigen Baum hat er zu bieten, auch Sitzbänke sucht man vergebens. Wer ein Päuschen einlegen will, nimmt, wie die Punks, die sich hier regelmäßig treffen, auf einer der Treppen Platz. Oder wie die müden Shopper, die mit ihren vollen Tüten von der angrenzenden Fußgängerzone, der Drottniggatan, kommen.

Wer zum Sergels Torg will, der muss erst mal hinabsteigen. Der Platz liegt tiefer als die ihn umgebenden Straßen, als wollten diese nichts mit dem Nachbarn zu tun haben. Anders die Menschen: Denn hier, am Sergels Torg, tobt das Leben. Hier treffen diejenigen, die keine Zeit haben, auf jene, die zu viel davon haben. Die einen hasten zum Eingang der größten U-Bahn-Station Stockholms, den Aktenkoffer fest im Griff, den Kopf in

Gedanken an die Firmenbilanz gesenkt. Andere wiederum schlendern ziellos über den Platz, stehen schwatzend in kleinen Grüppchen zusammen oder starren alleine vor sich hin. Hier treffen sich auch diejenigen, denen das Leben nicht in die Karten gespielt hat: Menschen ohne Arbeit, ohne Wohnung, ohne Ziel. Aber auch Dealer, die ihre heiße Ware an den Mann bringen wollen. Früher sei es mit den Drogen schlimmer gewesen, sagen die Stockholmer. Jetzt aber habe die Polizei den Platz verstärkt im Auge, patrouilliere und kontrolliere öfter.

Der Sergels Torg hat aber auch noch andere Gesichter. Ein kämpferisches beispielsweise, denn auf ihm wird Demokratie gelebt. Wer etwas zu sagen hat, wer gehört werden und seine Meinung kundtun will, kommt hierher. Darunter hungerstreikende Afghanen, die sich gegen ihre Abschiebung wehren. Demonstranten, die sich für Demokratie in Burma starkmachen. Palästinenser, die Unterschriften gegen die Unterdrückung ihres Volkes sammeln. Oder eine Handvoll Kurden, die gegen die Politik der türkischen Regierung protestieren. Und Tausende von Schweden, denen die Sozialpolitik ihrer Regierung nicht passt. Dazu Heilsverkünder aller religiösen Richtungen, Prediger der Apokalypse oder selbst ernannte Retter der Welt – mal mit, mal ohne Gesang.

Und noch eine weitere Seite zeigt der Sergels Torg, eine freudige nämlich. Wann immer es in Schweden etwas zu feiern gibt, wird das hier getan. Wenn die Eishockey-Nationalmannschaft die

Weltmeisterschaft gewinnt, die Fußballer einen wichtigen Sieg einfahren oder Carolina Klüft, die Lieblingsathletin aller Schweden, der Konkurrenz davonläuft und davonspringt: Triumphe werden hier, auf dem Sergels Torg, gefeiert. Hier zeigen sich die Helden dem Volk. Und es ist wohl bei Plätzen nicht anders als bei Menschen: Die Schmuddelkinder sind oft die interessantesten.

## *Museen einmal anders*

# *Mit Pippi in eine andere Welt*

*Im Junibacken haben Kinder das Kommando*

Fünfzig Kinderwagen stehen vor dem Eingang zum Junibacken – und zeigen: Der Junibacken ist fest in Kinderhand. So fest, dass ein Erwachsener, der hier allein auftaucht, heftige Verwunderung auslöst. »Kommen Sie wirklich ganz allein?«, fragt mich der Kassierer leicht misstrauisch, als ich mein Ticket lösen will. Erst als ich mich als Journalist zu erkennen gebe, versteht er.

Die Welt, die ich betrete, ist eine Mischung aus Freizeitpark und Kinderparadies. Und eine Welt, in der die Figuren vieler bekannter Kinderbuchautorinnen und -autoren zum Leben erweckt werden – allen voran die Geschöpfe von Astrid Lindgren. Und so lande ich auch gleich in Vimmerby, dem Ort, in dem Astrid Lindgren geboren wurde und wo auch viele ihrer Bücher spielen. Allerdings ist Vimmerby hier, im Junibacken, auf Kinderformat geschrumpft: Die Häuser sind so winzig klein, dass kein Erwachsener darin Platz hat. Hier können die Kleinen alleine durch die Zimmer tollen und in ihre eigene Welt abtauchen. Und genau das wollte Astrid Lindgren auch mit ihren Büchern schaffen: eine Welt für Kinder, die diese mit Michel aus Lönneberga, Ronja Räubertochter und Karlsson auf dem Dach teilen können.

Auch der Star unter allen Figuren Astrid Lindgrens ist da: Pippilotta Viktualia Rollgardina Pfefferminz Efraimstochter Langstrumpf. Und sie tritt sogar leibhaftig auf. Schwarz-gelb geringelte Strümpfe, ein blaues Kleid, ausgelatschte schwarze Schuhe und leuchtend rote Haare mit Zöpfen – jedes Kind weiß, wer sich hinter diesem Outfit verbirgt.

Heute hat Pippi massive Probleme mit zwei Verbrechern, die ihren Goldschatz stehlen wollen. Doch ganz im Lindgren'schen Sinne sind natürlich auch die Bösewichte nicht wirklich schlecht. Und natürlich vergreifen sie sich zum Schluss nicht an Pippis Gold – sondern werden von ihr zum Pfannkuchenessen eingeladen.

Die Frage, was denn besser sei, viel Gold zu besitzen oder mit Pippi Pfannkuchen zu essen, beantworten die kleinen Zuschauer mit lautem Applaus ganz eindeutig zu Pippis Gunsten.

Pippi Langstrumpf ist die wahrscheinlich bekannteste Schwedin. »Geboren« wurde sie 1941. Damals erzählte Astrid Lindgren ihrer Tochter erstmals die Geschichte vom selbstbewussten und klugen Mädchen Pippi. Einem Mädchen, das immerzu Schabernack im Kopf hatte und ziemlich frech war – ein sympathisches Gör, das die Erwachsenen nicht automatisch als Autorität anerkannte. Ein bisschen von Pippi steckte auch in Astrid Lindgren – oder besser: Die Schriftstellerin war ebenso unangepasst wie ihre Heldin. Nie ließ sie sich in ein Raster zwängen. So gibt es Bilder von ihr als Siebzigjähriger, wie sie auf Bäumen herumklettert. Auf diese Bilder angesprochen, sagte Astrid Lindgren einmal: »Warum soll eine alte Frau das nicht dürfen, wenn ihr danach ist?«

Astrid Lindgrens Bücher wurden in mehr als siebzig Sprachen übersetzt. Nur Shakespeare ist in noch mehr Sprachen erhältlich. Achtzig Millionen Mal wurden ihre Bücher weltweit verkauft. Allein in Deutschland gingen zwanzig Millionen Exemplare über den Ladentisch. Astrid Lindgren schrieb jedoch nicht nur Bücher, sie engagierte sich auch sozial. Für beides – ihr Eintreten für die Rechte von Kindern und Tieren und für ihre schriftstellerische Leistung – wurde sie mehrfach ausgezeichnet. Über fünfzig Preise erhielt sie insgesamt, darunter auch den Friedenspreis des Deutschen Buchhandels und gleich drei Ehrendoktortitel. Seit 1978 trägt sogar ein Asteroid, der durchs Weltall fliegt, ihren Namen. Nur den Nobelpreis für Literatur bekam Astrid Lindgren nie. Das war sogar dem Nobelpreiskomitee selbst peinlich: Es erklärte öffentlich, zu bedauern, dass Kinderbuchautoren nun mal keinen Nobelpreis gewinnen könnten.

Dass Pippi weltweit ihre Fans hat, zeigt sich auch im Junibacken. Ein japanisches Fernsehteam filmt alles ganz genau: Pippi auf der Bühne, in Nahaufnahme und in der Totalen, die lachenden Kinder im Publikum. Und ganz hinten die Erwachsenen. Dort, wo es Stühle gibt. Ich selbst habe vorne Platz genommen. Beobachte die kleine Lena, die sich neben mir auf den Boden gesetzt hat und mir stolz – ganz Dame – ihre rot lackierten Fingernägel entgegenstreckt. Viereinhalb Jahre alt sei sie, erzählt mir Lena, und dass sie schon lesen könne.

Ihr kindlicher Redefluss versiegt sofort, als Pipi die Bühne betritt. Spannung liegt in der Luft, als zweihundertachtzig Kinderaugen fasziniert nach vorne blicken, um zu verfolgen, wie Pippi die Diebe zur Strecke bringt. Auch Lena vergisst die Welt um sich. Erst später, als sie sich von mir verabschiedet, sehe ich, dass ihr roter Nagellack heftig gelitten hat. Ganz im Bann von Pippi Langstrumpf hat Lena nervös an ihren Nägeln geknabbert.

## *Mamma Mia*

*Ein Museum für die vier Helden von Waterloo*

Für Napoleon bedeutete Waterloo das Ende – für Abba begann damit eine Weltkarriere. 1974 gewannen die vier Schweden mit diesem Titel den Grand Prix Eurovision de la Chanson – und stiegen innerhalb eines Jahrzehnts zu einer der weltweit erfolgreichsten Bands auf. Nur die Beatles und Elvis haben mehr Schallplatten verkauft als das Schwedenquartett.

Abba ist nicht irgendeine Band. Nein, Agnetha, Benny, Björn und Anni-Frid sind schwedisches Kulturgut – und als solches hätten sie schon längst ein eigenes Museum verdient, sagen die Fans. Deren Traum wird nun Realität. Ewa Wigenheim-Westman und ihr Mann tüfteln schon seit Jahren an diesem Megaprojekt herum. Nun soll das Abba-Museum 2009 in einem umgebauten alten Lagerhaus am Ufer der Ostsee eröffnet – und zu einem der größten Besuchermagneten der schwedischen Hauptstadt werden.

Schon im ersten Jahr erwarten die Projektanten um Ewa Wigenheim-Westman an die siebenhunderttausend Besucher. Und weil lange Warteschlangen an der Museumskasse abzusehen sind, können Ungeduldige schon heute, noch bevor das Museum überhaupt seine Pforten geöffnet hat, über das Internet Eintrittskarten vorbestellen.

Die Popgruppe Abba hat Ewa Wigenheim-Westman auf irgendeine Art und Weise immer begleitet. Einst waren die Vier ihr Vorbild: Fast wäre sie selbst in die Fußspuren von Abba getreten. 1985 gewann sie den Preis für die hoffnungsvollste schwedische Nachwuchssängerin, 1986 sogar eine goldene Schallplatte. Dann aber sattelte Wigenheim-Westman auf die Tourismusbranche um und stieg ins Hotelgeschäft ein: Sie arbeitete als Hotelchefin des Stockholmer Hotels Rival in Stockholm – und das gehört dem Abba-Sänger Benny Andersson.

Dieser fand die Idee, ein Museum zu gründen, anfangs alles andere als prickelnd, erzählt Ewa Wigenheim-Westman. Da sie aber nicht nur äußerst charmant, sondern auch sehr zielstrebig ist, ließ sie nicht locker. »Immer wieder musste sich Benny Andersson meine Museumspläne anhören, und immer wieder sagte er nein«, berichtet die attraktive Endvierzigerin. Irgendwann hat sich Benny Andersson Ewas Überredungskünsten dann doch gebeugt – und versprach ihr, die anderen drei Abbas zumindest zu fragen, was sie denn von der Idee hielten. Die Reaktion von Agnetha, Anni-Frid und Björn war eindeutig: Sie waren begeistert.

Das war im November 2006. Seitdem laufen die Planungen für das Megamuseum auf Hochtouren. Ausstellungsmaterial gibt es genügend. Die Bandmitglieder stellen dem Museum Schallplatten, Kostüme, Instrumente und vieles andere mehr aus drei Jahrzehnten Abba-Geschichte zur Verfügung. Auch die goldenen Schallplatten, welche die Band gewonnen hat, wird man sehen können. Ein richtiger Hingucker sind vor allem auch die bunten Bühnenkostüme aus den siebziger Jahren. Agnetha Fältskog und Anni-Frid Lyngstad haben damals in ihren knappen Shorts und Miniröcken die pubertierende Jungenwelt Europas nahezu wahnsinnig gemacht. So mancher Vater, der durchs Museum geht, wird sich schmunzelnd an die Zeit zurückerinnern, als sein Teenagerzimmer noch mit Abba-Postern vollgeklebt war.

Doch für die »Abbamania« – wenn die Fans auf Abba-Konzerten verrückt spielten – waren nicht nur die beiden Frauen verantwortlich. Benny Andersson und Björn Ulvaeus sorgten dafür, dass Mädchen im Publikum vor Verzückung ohnmächtig wurden oder in Weinkrämpfe ausbrachen. Und: Da grelle Kostüme und hohe Plateauschuhe in Schwulenkreisen beliebte Accessoires sind, wurde Abba später auch zu einer Kultband der Gay-Szene.

Angesichts des bis heute ungebrochenen Verkaufserfolgs der CDs und Videos von Abba ist es sehr wahrscheinlich, dass heute noch manch grau melierter Fan ein Live-Konzert der vier Musiker besuchen würde – hätte den mittlerweile in die Rente gegangenen Rockern nicht auf dem Höhepunkt ihres Erfolgs das Liebesleben einen Strich durch die Musikrechnung gemacht. Agnetha Fältskog war nämlich mit Björn Ulveaus verheiratet, Benny Andersson mit Anni-Frid Lyngstad. Als binnen eines Jahres beide Ehen scheiterten, ging es auch mit Abba bergab. Die Band quälte sich zwar noch bis Ende 1982 über gemeinsame, Harmonie suggerierende Auftritte hinweg, doch dann erlebten auch die Abbas ihr persönliches Waterloo: Im Dezember 1982 gaben sie die Auflösung der Band bekannt.

## *Von Stockholm nach Jokkmokk in fünf Minuten*

*Ein Spaziergang durch das Freilichtmuseum Skansen ist wie eine kurze Reise durch Schweden*

Mit seinem runden Bauch, seiner weißen Schürze und seinem wie in Mehl getauchten weißen Bart sieht Sven Söderlund aus wie ein Bäcker. In seinem Laden verkauft er *kringlor*, die schwedische Version einer Breze, sowie frisches Brot und Schmalzgebäck. Die Kunden stehen Schlange, warten sogar vor der Tür, bis im Laden Platz für sie ist. Sven Söderlund ist aber Pensionär. Er verkauft Brot und Kuchen nur aus reiner Freude. Söderlund, der viel Zeit hat, arbeitet im Stockholmer Freilichtmuseum Skansen, und seine Arbeitsstelle ist eine Bäckerei aus den siebziger Jahren des 19. Jahrhunderts. Früher hatte sie mal in der Gotlandsgatan im Stockholmer Stadtteil Södermalm gestanden. Doch wie alle übrigen Gebäude, die sich im Freilichtmuseum befinden, wurde sie irgendwann abgebaut und hierher gebracht. Heute sind im Skansen mehr als hundertfünfzig historische Gebäude aus der Zeit zwischen dem 14. und dem 20. Jahrhundert zu sehen.

Das Freilichtmuseum Skansen hat der Ethnologe Artur Hazelius 1891 gegründet. Damals zogen immer mehr Bauern in die Großstädte, um dort Arbeit zu finden. Hazelius fürchtete, dass die

Bauernkultur aussterben könnte und wollte der Nachwelt die bäuerlichen Traditionen in Form eines Museums erhalten. Er ließ alte Bauerngehöfte, die von ihren Besitzern verlassen worden waren, abbauen, nach Stockholm bringen und dort wieder errichten. Später, viele Jahre nach Hazelius' Tod, verfuhr man auch mit historischen Stadthäusern auf diese Art und Weise.

Das Ergebnis ist ein Freilichtmuseum, das sich stolz das älteste der Welt nennt. Wie in vielen anderen Fragen liegen die Schweden diesbezüglich aber im Zwist mit dem Nachbarn Norwegen. Denn auch das Norsk Folkemuseum in Oslo nimmt für sich in Anspruch, das weltälteste Freilichtmuseum zu sein. Zwar wurde das norwegische Museum erst drei Jahre nach dem Skansen eröffnet, doch stellte es eine Erweiterung der Gebäudesammlung von König Oskar II. dar – und die gab es schon seit 1881. Doch da Norwegen damals zu Schweden gehörte und Oskar II. König beider Länder war, konnte man sich zumindest auf eines einigen: dass das älteste Freilichtmuseum der Welt von einem Schweden gegründet wurde.

Schräg gegenüber von Sven Söderlunds Bäckerei, nur einige Meter die gepflasterte Straße hinab, liegt in einem roten Holzhaus der Kolonialwarenladen. Auch der stand einst, wie die Bäckerei, im Stadtteil Södermalm. Im 19. Jahrhundert lagen die beiden Häuser etwa einen Kilometer voneinander entfernt, heute allerdings nur einige wenige Meter. Im Kolonialwarenladen führt Els-Marie Ahlstrand Regie. Freundlich, aber bestimmt leitet sie den kleinen Laden. Wie lange der Kunde die Tür geöffnet halten darf oder ob er die ausgestellten Konserven, Gewürzpäckchen oder Bürsten berühren darf, bestimmt allein die kleine grauhaarige Frau. Früher konnten viele Kunden weder lesen noch schreiben – an einem vor dem Eingang aufgehängten Schild, das eine Bürste zeigt, konnten auch sie einen Krämerladen erkennen. In dem konnte man damals auch Tabak kaufen. Heute ist das natürlich undenkbar: Im vorbildhaften Schweden würde natürlich keine Museumsleitung den Besuchern gesundheitsschädliche Ware verkaufen.

Els-Marie Ahlstrand ist bereits weit in den Sechzigern. Sie gehört fast schon zum Inventar des Freilichtmuseums, arbeitet seit mehr als zwanzig Jahren hier. Der Krämerladen ist gut geheizt, und so findet sie ihren Job auch im Winter äußerst angenehm. Mancher ihrer Kollegen hat da weniger Glück: Viele der alten Häuser auf Skansen sind ungeheizt und – so wie es früher eben war – empfindlich kalt. Das war egal, solange noch in Trachten gesteckte Puppen in den Häuser »arbeiteten«. Doch inzwischen nehmen im Skansen Menschen aus Fleisch und Blut diese Rollen des Bäckers oder der Besitzerin des Krämerladens ein. Denn nur sie können die vielen Fragen neugieriger Touristen auch beantworten. Oft arbeiten Studentinnen und Studenten im Skansen, die sich mit diesem Job ihr Studium finanzieren. Oder eben Rentnerinnen und Rentner, wie Sven Söderlund und Els-Marie Ahlstrand.

Die Angestellten des Skansen kommen aus Stockholm. Mit einer Ausnahme: dem Ausstellungsbereich, der die Kultur der Sami präsentiert. Wer hier arbeitet, muss selbst zu diesem Volk gehören, so wie Lis-Mari Hjortfors. Sie kommt aus der Gegend von Jokkmokk, der wichtigsten Stadt Schwedisch-Lapplands, und gehört dem Volk der Nordsamen an. Als Ethnologin hilft sie mit, in Stockholm eine Ausstellung über ihr Volk aufzubauen. Ihre Kohte – so wird die zeltartige Hütte genannt – nennt sie lachend »die Botschaft der Sami in Stockholm«. Sie begrüßt die Besucher in Tracht und betont: »Anders als bei den anderen Leuten, die hier arbeiten, gehört die Tracht mir selbst. Wir tragen sie nicht für Touristen, sondern sie ist unsere normale Kleidung an wichtigen Festtagen.« Rund zwanzigtausend Sami leben in Schweden, und doch wüssten ihre schwedischen Landsleute nur wenig von deren Leben und Kultur, bedauert Lis-Mari Hjortfors. Das zu ändern, sei einer der Gründe, warum sie nach Stockholm gekommen sei.

Zum Thema Festtage kann auch Aviva Cohen-Silber einiges erzählen. Die adrette ältere Dame führt regelmäßig Touristen durch das Freilichtmuseum: »Weihnachten, Mittsommer, das Luciafest und der Nationalfeiertag werden auf Skansen groß gefeiert.« Und jeden Dienstagabend im Sommer steht *Allsång*-Tag auf dem Programm: Dann singen mehrere tausend Stockholmer vor der großen Bühne im Skansenpark gemeinsam Volkslieder oder Schlager. Aber auch private Feste werden im Skansen gefeiert: Die Seglora-Kirche, 1730 in Östergötland erbaut, ist die beliebteste Hochzeitskirche der Stadt. Wie in alten Zeiten steht vor dem Kirchhof ein großer Schandpfahl mit Halsketten und Fußfesseln – dies irgendwie in Zusammenhang mit den Eheschließungen zu bringen, wäre sicherlich zu weit hergeholt.

## *Trinken, Essen, Wohnen*

### *Eisgekühlte Drinks*

*In der »Absolute Icebar« werden die Drinks »in the rocks« serviert*

An Jakob Jonas' Arbeitsplatz herrscht ein eisiges Klima. Während das sommerliche Stockholm schwitzt, steht der junge Schwede mit einer Fellmütze auf dem Kopf und in eine Daunenjacke gepackt hinter dem Tresen. Jakob Jonas arbeitet als Barmann in der »Absolute Icebar« – und in der zeigt das Thermometer immer minus fünf Grad, auch im Juni. Kein Wunder, die Bar besteht nur aus Eis – genauer gesagt aus Eisplatten, die zusammen über zwanzig Tonnen wiegen.

Einer von Jonas' Gästen ist Rashid. Er kommt aus Mumbai. Mit zwölf weiteren Indern reist er durch Europa, und nach Königsschloss und Wasa-Museum steht jetzt der dritte Höhepunkt der Stockholm-Tour auf dem Programm: Die »Absolute Icebar«. Rashid ist aufgeregt: »I have never seen snow before«, erzählt der junge Mann in seinem melodischen, indisch-englischen Singsang. Auf Schnee wird er auch in der Icebar nicht stoßen, dafür aber auf jede Menge Eis und Kälte. Für Rashid macht das keinen Unterschied. Eis oder Schnee, beides findet er gleichermaßen exotisch.

Die Idee, eine Bar aus Eis inmitten der Hauptstadt zu eröffnen, hatten die Besitzer des Eishotels in Jukkasjärvi. Dort, im Norden von Schweden, wird jeden Winter ein Eishotel erbaut – samt Bar. Seit Jahren kommen Gäste aus aller Welt und greifen tief in die Tasche, um einmal in eisigen Temperaturen zu übernachten. Der Nachteil des Baus in Jukkasjärvi: In der Frühjahrssonne schmilzt er regelmäßig dahin. Doch die Bar in Stockholm hält dank des Kühlsystems auch der Sommerhitze stand.

Die Betreiber der Icebar bezeichnen ihre Bar ganz unbescheiden als die mit dem höchsten Umsatz in Stockholm – pro Quadratmeter Fläche. Als sie die Bar vor fünf Jahren eröffneten, war sie zunächst nur als PR-Gag für das Nordic Sea Hotel gedacht, in dessen Erdgeschoss sie sich befindet. Die Idee erwies sich aber als so erfolgreich, dass man das Konzept gleich exportierte: Inzwischen können hartgesottene Gäste in Kopenhagen, New York, London, Mailand und selbst in Tokio und Shanghai nach schwedischem Vorbild bei Minustemperaturen Drinks schlürfen.

Die durch die Bank wodkahaltigen Drinks werden in viereckigen Gläsern aus Eis serviert – »on the rocks« muss man hier bei Jonas nicht extra bestellen. Das Eis für die Gläser kommt wie das für die gesamte Bar aus Lappland. In großen Kühlwagen werden Eisplatten vom Fluss Torneälv bis nach Stockholm gekarrt. Zwar wird es auch in der Hauptstadt im Winter bitterkalt. Doch Eis von der nötigen Dicke für eine Bar gibt es nur in Nordschweden. Außerdem ist das Wasser von dort oben eben doch viel sauberer als das aus dem Stockholmer Mälarsee, sagt Jakob Jonas. Und: Es gehört zum Konzept der Bar, Eis aus Lappland zu verwenden. Lappland ist das Land des Winters, und dieses Gefühl soll mittransportiert werden. Deswegen bekommen selbst die Eisbars in Tokio und Shanghai ihr Eis direkt vom Torneälv.

Weil in die Mega-Gefriertruhe nur etwa vierzig Gäste passen, darf sich während der Rushhour kein Gast länger als eine dreiviertel Stunde in der Bar amüsieren. Länger wollen die meisten wegen der Kälte aber ohnehin nicht bleiben – trotz des Umhangs und der Handschuhe, die jedem Gast am Eingang gereicht werden. Jakob Jonas selbst macht seine Vier-Stunden-Schicht in eisiger Kälte nichts aus. Als Schwede ist er solche Temperaturen gewöhnt. Allerdings achtet er darauf, immer trockene Handschuhe zu tragen: »Dann ist die Kälte kein Problem«, sagt der Barkeeper. Zumal diese einen durchaus angenehmen Nebeneffekt habe, sagt Jonas und grinst: Im Gegensatz zu seinen Kollegen in anderen Bars hat er nie Probleme mit Betrunkenen. In der Icebar siegt die Kälte über den Rausch.

Rashid nippt inzwischen an seinem zweiten Drink, und trotz der Handschuhe zittern seine Hände mächtig. Wie er kommen die meisten Gäste aus wärmeren Gefilden – und sind entsprechend kälteempfindlich. Rashid lächelt dennoch tapfer in die Kamera. Denn die Fotos sind für die meisten Gäste der »Absolute Icebar« das Wichtigste. Einmal musste sich Jonas mit zweihundert Mexikanern hinter dem Tresen ablichten lassen; jeder wollte einzeln mit dem Barkeeper fotografiert werden. Ein anderes Mal warteten sogar zweitausend Kreuzfahrtgäste aus den USA stundenlang geduldig vor der Bar – nur um ein Souvenirfoto, auf dem sie zusammen mit Jonas abgebildet sind, mit nach Hause nehmen zu können.

Von den Schweden hingegen kennt kaum einer die Icebar in ihrer Hauptstadt. »Einheimische sieht man hier selten«, sagt Jonas. Das wundert ihn nicht: »Bei uns ist es die meisten Monate im Jahr so kalt, da wollen wir nicht auch noch in der Kneipe frieren.«

## *Der Herr der Lampen*

*In Stockholm steht das erste Lichtcafé der Welt*

Die Sonne ist Martin Sylwans größter Konkurrent. Der fünfunddreißigjährige Schwede hat vor vier Jahren im Stockholmer Stadtteil Södermalm ein Lichtcafé eröffnet. Das erste seiner Art in Schweden und vielleicht sogar weltweit. Martin Sylwan ist ein Bär von einem Mann. Groß und stattlich. Ausgeglichen und gut gelaunt. An Winterdepression leidet er schon lange nicht mehr – denn er tankt jetzt ausreichend Sonne: Zweimal die Woche setzt er sich unter seine eigenen Leuchten.

Winterdepression ist in Nordeuropa beileibe keine ungewöhnliche Krankheit. Jeder fünfte Schwede ist in leichter Form davon betroffen, und bei vier Prozent der Schweden sind die Symptome sogar so heftig, dass sich die Betroffenen im Krankenhaus einer Lichttherapie unterziehen müssen. Wer an diesem Lichtmangel leidet, der fühlt sich niedergeschlagen, ständig müde, hat keine Lust auf Sex, futtert aber umso mehr Schokolade. Das Ganze ist auch biologisch zu erklären: Fehlt Licht, wird die Produktion von Melatonin angekurbelt, dem Schlafhormon. Und von dem haben die Schweden im Winter mehr als genug: Denn schon Ende November geht die Sonne in Stockholm erst nach acht Uhr morgens auf und vor drei Uhr nachmittags wieder unter.

Auch Martin Sylwan litt vor Jahren noch an der Winterdepression. Sein Arzt hatte ihm damals eine Lichttherapie im Krankenhaus verschrieben. Doch schon nach zwei Behandlungsstunden reichte es Martin Sylwan: »Die Lichttherapie tat mir zwar gut, aber die Atmosphäre im Krankenhaus machte mich wieder depressiv, so steril und anonym war alles.« Und so kam Martin Sylwan die Idee, ein Lichtcafé zu eröffnen. Heilendes Licht wie im Krankenhaus sollte es dort geben, aber in einer gemütlichen Umgebung. »Ich wollte, dass die Leute unter dem Licht der Lampen essen, lesen, sich mit Freunden unterhalten oder sich einfach nur entspannen«, sagt Martin Sylwan.

Aus der Idee wuchs das Lichtcafé »Iglo«. Es liegt im Ausgehviertel Södermalm, nur wenige Meter vom Wasser entfernt, mit Blick auf einen Seitenarm des Mälarsees. Doch die Aussicht spielt hier keine Rolle: Die Fenster des Cafés sind mit weißen Stoffen abgehangt. Weiß ist überhaupt die alles beherrschende Farbe im »Iglo«. In dieser Farbe sind nicht nur die Fließen, Wände und Decken gehalten, sondern auch die Stühle, auf denen die Gäste sitzen, sowie die Teller und Tassen, aus denen sie essen und trinken. Selbst die Kleidung der Kunden ist weiß: Wer ins Lichtcafé kommt, dem wird, nachdem er sich seines Mantels entledigt hat, ein weißer Umhang übergestülpt – selbst entworfen und genäht von Martin Sylwans Mutter.

Das viele Weiß soll die Wirkung des Lichts noch verstärken, erklärt Martin Sylwans.

Trotzdem: Licht ist nicht gleich Licht. Das Licht in Sylwans Café wirkt grell, hat einen leichten Blaustich. Und das hat seinen Grund: Das blaue Spektrum des Lichts regelt nämlich den Aktivitätspegel des Menschen. »Wer unter blauem Licht arbeitet, tut das effektiver«, zitiert Sylwan aus einer Studie, die auf seinem Schreibtisch liegt. Bis zu zehn Prozent mehr könnten Menschen leisten, deren Arbeitsplatz in Blaulicht getaucht ist. Und: In einem Punkt sind Sylwans Lampen sogar der Sonne überlegen. Sie geben keine UV-Strahlen ab, die Sonnenbrand oder Hautkrebs verursachen können. Kein Wunder also, dass man, wenn es draußen dunkel und trüb ist, vorbestellen muss, um in Martin Sylwans Lichtoase einen der zwanzig Plätze zu ergattern. Nicht so am Tag meines Besuchs. Draußen scheint die Herbstsonne, der Himmel ist klar und die Luft frisch. Trotzdem sitzen zwei Frauen um die dreißig in den bequemen Sesseln des Lichtcafés. Martin Sylwan versucht erst gar nicht, an solchen Tagen seine Lampen in Konkurrenz zur Sonne treten zu lassen. »Draußen ist das Original, ich kann immer nur die Kopie bieten«, sagt er. »Klar hätten die beiden Frauen heute vor der Kaffeehaustür die bessere Lichttherapie.« Aber drinnen ist es kuscheliger als draußen im leichten Herbstwind. Und draußen bringt niemand den Gästen frischen Tee und brasilianische Säfte vorbei.

## *Speisen wie Einstein, Böll und Grass*

*Das Edelrestaurant »Stadshuskällaren« serviert seinen Gästen die Menüs der Nobelpreisdinner*

Für Nobelpreisträger gibt es nur das Beste. Und so werden sie auch nach der Übergabe des Preises kulinarisch verwöhnt. Schon im September, also viele Wochen vor der Nobelpreisverleihung, beginnen die Köche des Edelrestaurants »Stadshuskällaren« in Stockholm, das Dinner für den Abend des 10. Dezembers zu planen. Was den Preisträgern und rund tausenddreihundert Ehrengästen aufgetischt wird, hat zuvor das Nobelpreiskomitee bestimmt. Die Herren, die dem auserlesenen Komitee angehören, prüfen dabei die von Chefkoch Gunnar Eriksson vorgeschlagene Speisenfolge. Dabei machen es sich die Herren mit der Auswahl so schwer wie irgend möglich: Sie müssen nämlich die unterschiedlichen Menüs zur Probe essen – und je länger sie sich nicht einig werden, desto öfter dürfen sie im exklusiven Stadshuskällaren speisen.

Bei der Menüauswahl entscheiden oftmals Kleinigkeiten. Mal liegt das Salatblatt schief drapiert in der Schüssel, mal hat der Koch die Beilage auf dem Teller ungünstig platziert – und schon wird das Gericht als nicht würdig erachtet, im Magen des Nobelpreisträgers zu landen. Ähnlich lang dauere es, bis sich die Mitglieder des Nobelpreiskomitees – und das sind ausgesprochene Kenner edler Tropfen – auf die endgültige Weinauswahl für den exklusiven Abend einigten, erzählt Maria Backelin, die Verkaufschefin des »Stadshuskällaren«. Hier verbietet der Anstand des Autors allerdings weiteres Nachfragen.

Kompliziert wie die Auswahl der Speisen und Getränke ist die der Mitarbeiter des denkwürdigen Abends. Denn der erfordert eine logistische Meisterleistung. Die Angestellten des »Stadshuskällaren« allein schaffen es niemals, die zahlreichen Ehrengäste zu bekochen und zu bedienen – die Speisen aus der Küche, die im Stockwerk über dem Festsaal liegt, müssen so serviert werden, dass alle Gäste gleichzeitig mit dem Essen beginnen können.

Und schon einen Tag vor dem Dinner sind allein zwanzig Personen acht Stunden lang damit beschäftigt, die Tische zu decken und zu schmücken. Die Blumengestecke werden übrigens aus Italien eingeflogen. Stifter ist der Bürgermeister von San Remo. Der Grund: Alfred Nobel hatte ab 1891 jeden Winter in dieser Stadt an der Riviera verbracht und ist dort am 10. Dezember 1896 auch gestorben.

Sämtliche Köche sowie das Küchen- und Servierpersonal aller Stockholmer Spitzenrestaurants empfinden es als eine große Ehre, dazu beizutragen, dass das Nobelpreisdinner gelingt. »Der 10. Dezember ist ein heiliger Tag fürs Personal; es ist wie eine kleine Olympiade«, sagt Maria Backelin.

Und an der nehmen unter anderem über dreihundert Bedienungen und Ober, dreißig Köche und fünfundzwanzig Spüler teil – sowie fünf Männer und Frauen, die ausschließlich damit beschäftigt sind, Weinflaschen zu öffnen.

Hoher Wert wird bei der Auswahl der Mitarbeiter neben der Qualifikation auf die Sicherheit gelegt. SÄPO, der schwedische Verfassungsschutz, prüft das Personal in spe auf Herz und Nieren, um eventuelle Vergiftungsattacken auszuschließen. Kein Wunder: Zu den Gästen zählen nicht nur Mitglieder des schwedischen Königshauses, sondern auch der Regierungschef und seine Minister. Dass es gelingt, eine Waffe in den Festsaal zu schmuggeln, ist angesichts der hohen Sicherheitsvorkehrungen eher unwahrscheinlich – anders als im Krimi der Schriftstellerin Liza Marklund, die in »Nobels Testament« einen Mordversuch während eines Nobelpreisdinners beschreibt.

Unter den Gästen finden sich nicht nur hochgestellte Persönlichkeiten, sondern auch zweihundert Studenten schwedischer Universitäten. Sie müssen zwar ganz hinten beziehungsweise weit an der Seite des Saales sitzen, dürfen aber dennoch sehr stolz sein: Ihre Teilnahme soll nämlich zeigen, dass Nobel mit seinem Preis immer auch aufstrebende Wissenschaftler motivieren wollte. Nicht unwichtig ist aber auch der zweite Grund, weswegen die Studenten eine Einladung erhalten haben: Sie werden als Animateure gebraucht. Nach dem Dinner soll nämlich getanzt werden, und damit täten sich, so Maria Backelin, viele der hochrangigen Gäste »ganz schön schwer«.

Trotz ihrer Aufgabe als Vortänzer müssen die Studenten, die per Losverfahren bestimmt werden, genau wie die meisten anderen eingeladenen Gäste für ihre Teilnahme zahlen. Umgerechnet etwa hundertfünfzig Euro kostet es, im Kreise der Preisträger zu speisen. Vom Nobelpreiskomitee eingeladen sind nur die Preisträger und deren Gäste. Angeblich bezahlen sogar der König und die Königin für ihr Essen.

Speisen wie ein Nobelpreisträger kann im »Stadshuskällaren« übrigens jeder. Vorausgesetzt, man ist bereit, umgerechnet etwa hundertfünfundsiebzig Euro auf einen der wuchtigen Holztische des Restaurants zu blättern. Das Menü des aktuellen Jahres wird dort auch kurzfristig, innerhalb von vierundzwanzig Stunden, für Gäste zusammengestellt. Wer allerdings ein Nobelpreisdinner aus weiter zurückliegenden Jahren probieren will, muss länger im Voraus buchen – und mit einer kleinen Gesellschaft von mindestens acht Personen antreten.

Und genau das machen japanische Touristen besonders gerne. Für sie gehört ein Nobelpreisdinner einfach zu einer gelungenen Europatour. Der Abstecher zum Essen nach Stockholm zählt bei vielen japanischen Reiseunternehmen daher zum Standardprogramm. Allerdings trifft nicht jedes Nobelpreismenü den Geschmack der asiatischen Gäste. Am besten kommt hier das Dinner von 1994 an, das bislang schon rund achtundzwanzigtausendmal verkauft worden ist. Das verwundert nicht, denn damals gewann der Japaner Kenzaburō Ōe den Literaturnobelpreis – und verzehrte im Rauch von Wacholderholz geräucherten Lachs mit Senfsoße, Wildente mit schwarzen Johannisbeeren und – zum Nachtisch – Karottenkuchen.

Hin und wieder melden sich auch amerikanische Reisegruppen im »Stadshuskällaren« zum Nobelpreisdinner an. Deren Essenswunsch wisse man meist schon vorab, sagt Maria Backelin: Das Einstein-Dinner von 1921. Dass es damals Lammrücken und keine Hamburger gab, scheint dabei für die Gäste aus Übersee keine Rolle zu spielen. Deutsche Touristen sind selten unter den Gästen des »Stadshuskällaren«. Bestenfalls vierzig Deutsche ordern übers Jahr verteilt das exklusive Mahl – dann aber gerne den Lammrücken, den Heinrich Böll 1972 vorgesetzt bekam, oder das Lammfilet, das Günter Grass 1999 verzehrte.

Den Schweden sind beim Nobelpreisdinner die Berühmtheiten eher egal. Wie meist, lassen sie sich auch hier von großen Namen nicht beeindrucken. Sie bestellen die Dinner nach den eigenen Festtagen und ordern das Festmahl, das in ihrem Geburts- oder Hochzeitsjahr serviert worden ist – ganz egal, wer damals geehrt wurde.

## *Asiatisches Lächeln im Strand Hotel*

*Cristina Granath sorgt für saubere Zimmer – und hat auch schon ein Leben gerettet*

Dankbarkeit kann Cristina Granath in ihrem Beruf nicht erwarten. Dass alles perfekt ist, wird als selbstverständlich vorausgesetzt. Denn Cristina Granath ist Chefin des »House Keeping« im Strand Hotel in Stockholm. Das heißt: Sie ist dafür verantwortlich, dass die Betttücher straff gezogen, die Handtücher blütenweiß und die Schreibtische auf Hochglanz poliert sind. Und zwar in jedem der hundertzweiundfünfzig Zimmer.

Das Strand Hotel ist eines der luxuriösesten und traditionsreichsten Häuser der Stadt. Es wurde anlässlich der Olympischen Spiele 1912 erbaut und ist seitdem Anlaufstelle für die Reichen und Schönen – oder die, die sich dafür halten. Gut allein ist hier nicht gut genug: Die Plakette mit den fünf Sternen am Eingang wird nicht grundlos vergeben.

Cristina Granath ist auf den Philippinen geboren. Sie trägt einen fast schwedischen Vornamen, und würde das »h« in ihrem Namen nicht fehlen, hieße sie wie eine berühmte Königin, die im 17. Jahrhundert das Land regierte. Anders als die historische Christina, die abdankte und Schweden verließ, zog Cristina Granath nach Schweden

– der Liebe wegen. In ihrer Heimat hatte sie sich in der Universitätsbibliothek in ihren Mann, einen Schweden, verliebt. Er hatte auf der anderen Seite des Bücherregals gestanden und war erstaunt gewesen über die ungewöhnliche Größe dieser Asiatin, bis Cristina Granath ihm über die Bücher hinweg zulächelte – und vom Hocker stieg.

Das war vor zwanzig Jahren. Als die ausgebildete Englischlehrerin damals nach Stockholm kam, musste sie feststellen, dass ihr Studium in Schweden nicht anerkannt wurde. Zu Hause zu bleiben war aber ihre Sache nicht. Und so nahm Cristina Granath den ersten Job an, der ihr angeboten wurde: Putzhilfe in einem Hotel. Böden wischen, Armaturen putzen und Betten überziehen – das waren jetzt ihre Aufgaben. Doch nicht lange: Die kleine Philippinin stieg schnell auf. Nach drei Monaten wurde sie zur Chefin der Putzkolonne ernannt, in der sie noch selbst mitgeschrubbt hatte. Die Kittelschürze wanderte in die Kiste, und mehrere Businesskostüme in ihren Schrank. Cristina Granath erklärt sich ihren Erfolg selbst so: »Mein Chef hat wohl gesehen, dass ich gut mit Menschen umgehen kann.«

Putzjobs werden in Schweden schon lange nicht mehr von Einheimischen übernommen. Wer Schwedisch spricht, bekommt leicht besser bezahlte und auch höher angesehene Arbeiten. Das war schon vor zwanzig Jahren so, als Cristina Granath zu arbeiten anfing, und daran hat sich bis heute auch nichts geändert. Deshalb sind es vor allem Einwanderer und Ausländer, die für die Sauberkeit in schwedischen Hotels zuständig sind. Im Strand Hotel beispielsweise kommt das Personal überwiegend aus der Mongolei. Keine der Frauen spricht Englisch, von Schwedisch ganz zu schweigen. Hände und Füße sind deswegen die wichtigsten Verständigungsmittel, die Cristina Granath und ihrem Team zur Verfügung stehen. Und das Lachen. Diese Sprache versteht man weltweit – und Cristina Granath beherrscht sie besonders gut.

Siebzehn Zimmer. Das ist im Strand Hotel das Tagespensum, das ein Zimmermädchen zu leisten hat. Suiten zählen doppelt. Und: Selbst wenn der Gast die Nacht ganz offensichtlich außerhalb des Zimmers verbracht hat, wird gründlich geschrubbt und geputzt. Alles muss perfekt sein. Wie »perfekt« zu definieren ist, bestimmt Cristina Granath. Sie ist für die Endabnahme der Zimmer verantwortlich und weiß genau, worauf sie achten muss. Fingerabdrücke auf der Duschverkleidung zählen zu den lässlichen Sünden; diese beseitigt sie selbst. Weitaus strenger ist sie, wenn sie Schmutz auf dem Tisch oder einen Brandfleck im Teppich entdeckt: Dann muss das Personal nochmals anrücken. »Aufpassen muss man auch mit den Bettritzen«, sagt sie, »Da kann man schon hin und wieder mal ein Kondom finden.«

Oft stößt das Reinigungsteam um Cristina Granath aber auch auf Dinge, die nicht absichtlich zurückgelassen wurden. Für solche Fundgegenstände gibt es eigens einen Raum im Keller – und da liegen der vergessene Waschbeutel, die getragene Unterhose, die teure Uhr und der Ehering dann einträchtig nebeneinander im Regal. Weggeworfen wird nichts, ungefragt nachgeschickt aber auch nicht. »Das verbietet die Diskretion«, sagt Cristina Granath mit Nachdruck: Man wisse ja nie, wer mit wem hier übernachtet hat. Welche Folgen zu viel Hilfsbereitschaft haben kann, hat Cristina Granath selbst erfahren: Vor vielen Jahren logierte ein Amerikaner im Hotel; er schien mit seiner Ehefrau unterwegs zu sein, die einen teuren Ehering im Zimmer hinterließ. Um sie über den Fund ihres Schmuckstücks zu informieren, rief Cristina Granath im Hause des Gastes in den Vereinigten Staaten an – um sehr rasch zu merken, dass die Frau am anderen Ende der Leitung weder je in Stockholm gewesen war, noch ihren Ehering vermisste. Anfängerfehler wie diese passieren Cristina Granath schon lange nicht mehr.

Fast zwanzig Jahre lebt sie inzwischen in Schweden. Heimweh hat sie aber immer noch. Besonders im Winter, wenn die Tage kürzer und die meisten Schweden depressiv werden. An Weihnachten aber muss auch die ansonsten immer gut gelaunte Philippinin oft weinen. Dann fühlt sie sich einsam und vermisst ihre Familie. »Hier in Schweden feiert jeder in seinen eigenen vier Wänden«, bedauert sie. Anders der Heilige Abend auf den Philippinen: »Da laufen alle durch die Straßen und jeder umarmt jeden.«

Dennoch kann Cristina Granath Schweden sehr viel Positives abgewinnen. Vier Jahreszeiten, erzählt sie und strahlt, kenne man bei ihr zu Hause nicht. Auch was die Lebensweise angeht, ist Cristina Granath inzwischen ganz Schwedin: tolerant und weltoffen. Viel zu konservativ und eng sei ihr die Heimat inzwischen. Dass Unverheiratete zusammenlebten, sei dort undenkbar. Selbst mit Trauschein sei man strengen Regeln unterworfen – meist denen der Schwiegermutter, sagt Cristina Granath und grinst. Wenn sie ihre Familie in Manila besuche, dürfe ihr Mann »bis heute nicht im Unterhemd durch die Wohnung laufen«.

Ebenso lang wie Cristina Granath in Schweden wohnt, arbeitet sie auch im Hotel. Und ebenso sehr, wie sie an Stockholm hängt, liebt sie ihren Beruf.

»Jeden Tag erwartet mich Neues!«, sagt sie. Manchmal allerdings auch Heftiges: Einmal hatte einer ihrer Gäste versucht, sich mit Tabletten das Leben zu nehmen. Als die Zimmermädchen das Zimmer wegen des »Bitte-nicht-stören«-Schilds an der Tür auch am späten Abend noch nicht putzen konnten, wurde sie alarmiert. Doch niemand reagierte auf ihr Klopfen, und so zog sie den Generalschlüssel aus der Tasche und trat ins Zimmer. Der Mann, der auf dem Bett lag, hatte eine Überdosis Schlaftabletten geschluckt. Cristina Granath verständigte sofort den Notarzt – und der Mann überlebte. Wochen später schrieb er Cristina Granath einen Brief. Darin beschwerte er sich, von ihr gerettet worden zu sein. Schließlich habe er das Zimmer bezahlt, und hätte darin machen können, was er wolle.

Wie gesagt: Dankbarkeit kann Cristina Granath in ihrem Beruf nicht erwarten.

## *Königliches Stockholm*

### *Die Königin der schwedischen Herzen*

*Wie eine Deutsche zur beliebtesten Schwedin wurde*

Die Deutschen sind in Schweden nicht allzu beliebt. Sie gelten vielen als arrogant, unhöflich und laut. Trotzdem ist eine Deutsche im Drei-Kronen-Reich populärer als alle Schweden: Silvia Renate Sommerlath.

Die Tochter eines deutschen Industriellen kam 1943 in Heidelberg zur Welt, hat aber bislang fast die Hälfte ihres Lebens in Schweden verbracht – dort lebt sie seit 1976. Die attraktive Brünette engagiert sich für soziale Belange, setzt sich für Kinder in der Dritten Welt und geistig behinderte Menschen ein, hat unzählige Stiftungen gegründet und ist Schirmherrin von über sechzig wohltätigen Organisationen. Mehrfach schon wurde sie für ihr Engagement ausgezeichnet.

Vor allem aber ist sie mit dem schwedischen König verheiratet.

Allerdings ist die Geschichte von König Carl XVI. Gustaf und Königin Silvia schon deswegen schnell erzählt, weil das Paar sehr auf seine Privatsphäre achtet – und der Öffentlichkeit bislang auch keine Skandale lieferte. Kennengelernt haben sich die beiden 1972, als Silvia Renate Sommerlath als Hostess bei den Olympischen Spielen in München arbeitete und für die Betreuung der Staatsgäste zuständig war. Das machte sie im Falle des schwedischen Königs offenbar so gut, dass der sich vom Fleck weg in sie verliebte. Es habe sofort »klick« gemacht, erzählte Carl Gustaf später einmal.

Geheiratet hat das Liebespaar trotzdem erst vier Jahre nach dem ersten Blickkontakt, und anfänglich hat es seine Liebe sogar versteckt. Schuld an der Heimlichtuerei war das schwedische Thronfolgegesetz. Das besagt nämlich, dass ein Kronprinz, der eine Bürgerliche ehelicht, auf den Thron verzichten muss – nicht so aber ein König. Deswegen musste Carl Gustaf, damals noch Kronprinz, erst zum König gekrönt werden, bevor seine Liebe zu der deutschen Bürgerlichen publik werden durfte.

Nach der Hochzeit flogen Silvia Sommerlath die Herzen der Schweden zu. Die heimische Presse jubelte und lobte den König, er habe mit der Heirat die beste Entscheidung seines Lebens getroffen. Einige blieben dennoch skeptisch, war Silvia doch eine Deutsche und zudem ein paar Jahre älter als ihr Gemahl. Beides war für so manchen traditionsbewussten Königstreuen im Land doch erst mal starker Tobak – ungeachtet aller schwedischer Toleranz. Doch auch die Kritiker zeigten sich von der neuen Königin schnell begeistert. Ihr soziales Engagement überzeugte alle Zweifler. Vor allem aber war es ihr Wesen, womit sie selbst Skeptiker für sich gewann – und das ist alles andere als arrogant, unhöflich und laut.

## *Zu Besuch bei Königs*

*Der schönste Weg nach Drottningholm ist der mit dem Schiff*

Die Schlange vor der MS Enköping ist lang. Kein Wunder: Die Junisonne scheint, es ist warm und alle fahren hinaus nach Drottningholm. Spanier, Italiener, Holländer sind darunter, und auffällig viele Japaner und Deutsche. Auch einige Schweden wollen mit dem alten Dampfschiff ihren König Carl Gustaf und Königin Silvia besuchen. Dass die Reisenden das Königspaar sehen werden, ist allerdings mehr als zweifelhaft. Dabei ist Drottningholm sogar der offizielle Wohnsitz Ihrer Majestäten.

Es dauert nicht lange, und alle sind an Bord. Dort wird es eng, auch an der Reling: Die Japaner haben sich schnell die besten Plätze gesichert, schließlich befinden sie sich auf Fotosafari. Ganz hinten, fernab der besten Aussichtsplätze, stehen die Schweden. Aus Zurückhaltung? Oder weil sie die Strecke schon kennen? Dreimal tutet die MS Enköping, dann beginnt die Fahrt. Langsam, als würde es sich aus dem Hafen schleichen, gleitet das Schiff hinaus auf den Mälarsee. Trotzig stellen sich ein paar Schwäne dem Boot entgegen. Und stolz: Wahrscheinlich wissen sie, dass sie einst im königlichen Schweden ganz besonderes Ansehen genossen, waren sie doch Statussymbol der reichen Oberklasse. Auch die Könige hatten eine Vorliebe für Schwäne: In Drottningholm hat man den weißfedrigen Vögeln Ende des 18. Jahrhunderts sogar eine eigene Herberge gebaut. Das »Svanehuset« war ein edles Haus; die meisten Arbeiter lebten damals weitaus bescheidener.

Die MS Enköping lässt sich von so viel tierischer Arroganz allerdings nicht aufhalten und bahnt sich unbeirrt ihren Weg durchs Wasser. Sie gleitet vorbei am Stadshuset mit seinem hohen Turm, das jetzt nicht nur die Japaner fotografieren. Ein älterer Schwede ist mit seinen Enkelkindern unterwegs und erzählt ihnen davon, dass im Stadshuset alljährlich der Nobelpreis verliehen werde. Wenn man in die Stadt zurückkomme, würden sie auf den Turm des Stadshuset steigen, »versprochen«, sagt er. Denn von dort oben hat man den wohl besten Blick über Stockholm. Das wird auch den Enkeln gefallen.

Während der Schwede erzählt und die Japaner mit ihren Kameras beschäftigt sind, zieht das Schiff weiter. Am Ufer des Mälarsees tauchen bald die ersten grauen Wohnsilos auf. Stockholm hat nicht nur schöne Seiten. Aber wer hier am Wasser wohnt, zahlt wegen des traumhaften Blicks dennoch horrende Mieten. Lage kostet.

Doch bald schon gewinnt die Natur die Oberhand, werden die Häuser kleiner und bunter. Holz statt Beton. Rot statt Grau. Irgendwann deutet der schwedische Großvater mit dem Finger Richtung Ufer. Die Villa Björnholm steht dort, die will er seinen Enkeln zeigen. Ich höre, wie er ihnen erzählt, dass der Zeitungsverleger Franz Sjöberg vor über hundert Jahren dieses Gebäude errichten ließ. Es sollte eines Tages die Präsidentenvilla sein; Sjöberg selbst wollte dort einziehen. Unbescheiden, wie er war, träumte der schwerreiche Verleger nämlich davon, selbst einmal Präsident einer zukünftigen schwedischen Republik zu werden. So weit kam es allerdings nicht: Eine Republik wurde Schweden nie, bis heute ist der König das Staatsoberhaupt.

Wohl auch deshalb endet die Schiffsreise nicht in Björnholm, sondern am Königsschloss in Drottningholm. Das Schiff umkurvt eine letzte Insel, und schon taucht das Schloss auf. Wieder höre ich dem Schweden zu: Das schönste Barockgebäude des Landes sei Drottningholm, erzählt er seinen Enkeln, und dass Nicodemus von Tessin es im Jahr 1665 erbauen ließ. Gleich würden sie sich zusammen das Schlosstheater ansehen, immerhin das weltweit älteste Theater. Seine originalen Bühnenmaschinen sind noch immer in Betrieb. Wieder an Land, wirkt die japanische Reisegruppe noch zufriedener. Sie hat formatfüllende Fotos des gelben Schlosses samt Schwedenfahne im Kasten. Wenig später geben außerdem die Soldaten des königlichen Wachregiments in ihren schnittigen Uniformen ein vortreffliches Fotomotiv ab. Den von seinem Land begeisterten alten Schweden und seine beiden Enkel interessiert das vorerst wenig. Die drei sitzen auf den Stufen des

Schlosses über den Picknickkorb gebeugt. Thermoskanne und Sandwiches haben sie schon ausgepackt. Der Schwedenkönig verlangt nicht viel Etikette.

## *Kurioses*

# *Immer wieder dienstags*

*Im Sommer treffen sich jede Woche über zehntausend Hobbysänger zum »Allsång« im Skansen*

Jeden Dienstag macht sich Grete Heiberg auf den Weg in Richtung Skansen, dem Freilichtmuseum und Zoo am Stadtrand von Stockholm. Der Skansen wurde 1891 gegründet und ist das älteste und größte Freilichtmuseum der Welt. Und der Skansen ist ein Mikrokosmos Schwedens: Hunderteinundfünfzig Gebäude aus allen Teilen des Landes wurden hier zusammengetragen und wieder aufgebaut.

Grete Heiberg ist aber weder an den alten Gebäuden noch an Elch, Bär oder Wolf interessiert. Die fünfundsechzigjährige Rentnerin geht allwöchentlich zum Skansen, um beim *Allsång* dabei zu sein. *Allsång* ist typisch schwedisch und heißt übersetzt so viel wie »zusammen singen«. *Allsång* gehört zum schwedischen Sommer wie die langen Tage und die Stechmücken. Egal, ob kleiner Weiler oder Großstadt – überall im Land treffen sich dann Menschen, um gemeinsam zu singen.

Die größte *Allsång*-Arena aber liegt in Stockholm – und zwar im Freilichtmuseum Skansen. Zehn-, fünfzehn-, oft sogar zwanzigtausend Menschen pilgern im Sommer dann jeden Dienstag dorthin. Damit auch jeder den richtigen Ton trifft, geben vorn auf der Bühne die Stars der schwedischen Schlagerszene die Melodie vor. Wer nicht selbst kommen kann, singt vor dem Fernsehschirm mit: »Allsång på Skansen« wird live im Schwedischen Fernsehen übertragen und ist der absolute Quotenrenner. Knapp ein Drittel aller Schweden sitzt vor der Glotze, wenn mit »Stockholm i mitt hjärta« – »Stockholm in meinem Herzen« – die Sendung eröffnet wird.

Anders als in Deutschland, wo Karl Moik und seine Kollegen bei der jüngeren Generation auf erhebliche Akzeptanzprobleme stoßen, sind Volkslieder und Schlager in Schweden auch eine Sache der unter Dreißigjährigen. Singen ist dort ein generationsübergreifendes Vergnügen. Die meisten Lieder, die beim *Allsång* geträllert werden, sind Gassenhauer. Damit aber auch wirklich jeder mitsingen kann, wird im Fernsehen wie beim Karaoke der Text eingeblendet. Und im Skansen kann man Hefte mit den Liedtexten kaufen. Aber die braucht kaum jemand. Fast alle sind textsicher. So wie Agnetha, die vierzigjährige Tochter von Grete Heiberg, und deren Ehemann. Auch die dreizehnjährige Enkelin ist an den Dienstagen beim Singtreff immer dabei. Nur der Enkelsohn ist aus der Art geschlagen: Er segelt lieber mit Freunden in den Schären.

1979 wurde das erste Mal »Allsång på Skansen« im Fernsehen übertragen. Aber die Veranstaltung hat eine noch viel längere Tradition. 1935 ging alles los. Auch damals wurde schon übertragen – natürlich nicht im Fernsehen, sondern im Rundfunk. Und es stand kein Schlagerstar auf der Bühne, sondern eine Musiklehrerin gab den Ton vor.

Singen zählt generell zu den Lieblingsbeschäftigungen der Schweden. So ist Stockholm auch Welthauptstadt des Chorgesangs: Nirgendwo auf der Erde gibt es so viele Chöre wie hier. Schwedenweit singen mehr als sechshunderttausend Menschen in einem offiziellen Chor – Hobbysänger nicht mitgerechnet. Bei einer Gesamtbevölkerung von etwas mehr als neun Millionen ist das eine beträchtliche Zahl. Die meisten singen im Kirchenchor, in der Schule oder der Universität. Auch nahezu jede Berufsgruppe hat einen eigenen Chor, so gibt es einen Chor der Busfahrer, einen der Lehrer und einen der Feuerwehrleute. Sogar die Finanzbeamten treffen sich zum gemeinsamen Singen. Natürlich haben auch die Volkshochschulen ihre eigenen Chöre, die Krankenhäuser sowieso.

Morgenstund hat Gold im Mund – diese alte Volksweisheit gilt auch beim *Allsång*. Profis wie Grete Heiberg wissen es: Wer einen guten Platz ergattern möchte, muss schon viele Stunden vor Beginn im Skansen sein. Echte Fans belegen deshalb tatsächlich schon am frühen Morgen den Platz für die Veranstaltung am Abend. Grete hat sich mit ihrer Familie gleich nach dem Mittagessen auf den Weg gemacht und ist gegen 14 Uhr im Park – das reicht immerhin für einen Platz in Reihe fünf. Damit ist sie zufrieden. »Ist doch schön hier«, sagt sie und blickt über die Stadt. In der Tat: Die Freilichtbühne im Skansen steht auf einem der besten Plätze Stockholms: Von diesem Hügel außerhalb des Zentrums aus haben Besucher einen herrlichen Blick aufs Meer, auf die abfahrenden Finnlandfähren und auf die Altstadt.

Somit ist die Sing-Arena im Skansen ein Ort, an dem es sich gut warten lässt. Oder picknicken. Auch an diesem sommermilden Dienstag hat Grete Heiberg Kaffee und *kanelkakor*, Zimtplätzchen, in den Picknickkorb gepackt. Singen strengt an, Magenknurren würde das Konzert nur stören. Während die anderen kräftig zubeißen, stimmt sich Gretas Enkelin Lina mit dem Walkman auf das Konzert ein. Sie freut sich auf The Ark, schwedische Glamrocker und die Zugnummer des heutigen Abends. Rock für Rentner? Volkslieder für Kids? In Schweden geht das alles. Nach dem Auftritt der Rockband stehen Schlager und Volkslieder auf dem Programm – keiner findet das ungewöhnlich.

Auch Gunnar Karlsson, Grete Heibergs Bruder aus dem Süden, hat seinen Besuch so gelegt, dass er beim *Allsång* dabei sein kann. Er hat seine eigene Theorie, warum das gemeinsame Singen in Schweden so populär ist: »Die Schweden bleiben lieber anonym, und in einer Gruppe fallen sie nicht so auf.« Für ihn sei die Gruppe ideal: »Ich kann gar nicht singen«, sagt Gunnar Karlsson und grinst. »Wenn ich einen Ton nicht erwische, hört das hier wenigstens keiner.«

Stunden später, nach einigen Tassen Kaffee

und vielen *kanelkakor*, kommt Bewegung in die Massen. Gleich fällt der Startschuss zum gemeinsamen Singen. Moderator Anders Lundin betritt die Bühne, das Orchester beginnt »Stockholm i mitt hjärta« zu spielen – und Grete Heiberg stimmt wie jeden Dienstag aus vollem Halse mit ein. Auch Herr Karlsson scheint den Ton zu treffen. Oder bewegt er etwa nur seine Lippen?

## *Elchkötel für Hartgesottene*

*Beide, König Carl Gustaf und der deutsche Tourist, lieben Elche – allerdings auf ganz unterschiedliche Weise*

Was ist der Deutschen liebstes Souvenir? »Alles, was mit Elchen zu tun hat!«, kommt die Antwort des Verkäufers in der Drottninggatan wie aus der Pistole geschossen. Der Herr hinter der Kasse des Souvenirladens muss es wissen: Er kennt sich aus mit den Vorlieben der Kundschaft. Glas steht bei den Japanern hoch im Kurs, erzählt er, und T-Shirts bei den Amerikanern. Die Russen hingegen liebten opulenten und kitschigen Schmuck – und die Deutschen eben Elchsouvenirs. Die Form oder das Material des Elch-Andenkens sei dabei Nebensache: Das Elchmotiv kann das T-Shirt ebenso zieren wie die Unterhose, den Schlüsselanhänger, eine Rolle Klopapier oder einfach nur eine Postkarte. Auch Elch-Stofftiere seien gefragt, sowie Verkehrsschilder, die vor Elchwechsel warnen. Früher haben deutsche Touristen diese begehrten Schilder oftmals vom Straßenrand weggeklaut – nicht selten mit schwerwiegenden Folgen. Die Schilder warnen nämlich vor einer durchaus realen Gefahr. Unfälle mit Elchen passieren recht häufig. Über zweitausend folgenschwere Kollisionen zwischen Mensch und Tier werden jährlich gezählt. Ernsthafte Verletzungen sind bei solchen Zusammenstößen die Regel. Inzwischen kann man die Schilder aber auch einfach im Geschäft kaufen, beispielsweise in einem der Souvenirläden in der Drottninggatan. Richtig hartgesottene Elch-Fans kaufen dort sogar Elchlosung im Glas – oder die Kötel gleich an der Schnur aufgezogen als Kette.

Warum gerade die Deutschen die Elche so sehr lieben, kann sich auch der Souvenirverkäufer nicht erklären. Es ist ihm auch egal, solange das Geschäft floriert und die Krone rollt. Liegt es vielleicht an den großen Kuschelohren oder an der weichen Schnauze, die der Elch scheinbar ständig kussbereit in den Wind hält? Wobei beide Körperteile – die Ohren wie der Mund – eigentlich einem ganz anderen Zweck dienen, als süß auszusehen: Als Waldtier ist der Elch auf sein Gehör und damit auf große Lauscher angewiesen. Und mit der Muffel, wie man die Schnauze korrekt bezeichnet, schält das Tier die Rinde vom Baum, um sie dann zu verzehren.

Was auch immer die Faszination des Elches für die Deutschen ausmacht – die Schweden können sie nicht nachvollziehen. Für sie steht dieses Tier für eine ganz normale Hirschart, deren Besonderheit allenfalls ihre Größe ist: Elchbullen können nämlich bis zu fünfhundert Kilo schwer und bis zu zwei Metern zwanzig hoch werden. Schlagzeilen ist der Elch für die Städter in Stockholm höchstens dann mal wert, wenn sich eines der Tiere in einen der Außenbezirke der Stadt verirrt und dort Äpfel aus dem Vorgarten geklaut hat, wenn es in den Swimmingpool im Garten gefallen ist oder sich im Labyrinth der Vorstädte verlaufen hat.

Mit einer Ausnahme: Während die Schweden die meiste Zeit des Jahres über die Elchbegeisterung der Deutschen nur milde lächeln, verwandeln sie sich im Oktober selbst in Elchverrückte. Dann beginnt die Jagdsaison, und fast alle schwedischen Männer verschwinden im Wald. Die Elchjagd ist für sie *das* Ereignis des Jahres. Wer es irgendwie einrichten kann, nimmt sich zu dieser Zeit Urlaub – und geht mit dem Gewehr in der Hand auf die Pirsch. Neunzigtausend Tiere werden während einer Jagdsaison geschossen, ohne dass sich dadurch allerdings der Gesamtbestand verringert.

Auch der König lässt sich die jährliche Elchjagd nie entgehen. Staatsbesuche finden im Monat Oktober nicht statt, denn dann zieht Carl Gustaf mit seinem Sohn Prinz Carl Philip hinaus in die Wälder. Sobald die beiden ihren jährlichen Elch erlegt haben, ist den schwedischen Boulevardblättern die Weltpolitik einerlei. Egal, was sonst passiert, auf Seite eins erfährt das Land, ob dem König ein Elchbulle, eine Kuh oder ein Kalb vor die Flinte geraten ist – und wie viele Schüsse Ihre Majestäten benötigten, um die Beute zu erlegen. Bei Carl Gustaf ist das keine Frage: Er geht seit über vierzig Jahren auf die Jagd, und ein Blattschuss ist für ihn Standard. Bei Prinz Carl Philip hingegen meldete die Boulevardpresse zuletzt, dass er zwei Schüsse gebraucht habe. Allerdings konnte sich der Prinz damit trösten, dass der von ihm erlegte Elch größer als der seines Vaters war.

## *Flirten im ersten Wagen*

*Die Stockholmer U-Bahn ist die längste Kunstausstellung der Welt, aber der Plan, sie zur größten Singlebörse zu machen, scheiterte*

Die größte Kunstausstellung der Welt ist über hundert Kilometer lang und wird täglich von mehr als sechshunderttausend Menschen besucht. 1950 wurde sie in Stockholm eröffnet, aber der Andrang war so groß, dass sie 1964 und dann 1975 nochmals erweitert werden musste. Die meisten Stationen der Stockholmer U-Bahn haben Künstler gestaltet, auch deswegen vermarkten die Verkehrsbetriebe die *tunnelbana* als längstes Gesamtkunstwerk der Welt. Einheimische und Touristen, die in den Untergrund steigen, sollen die Bahn nicht nur nutzen, um vorwärtszukommen, sondern auch, um zu schauen und zu staunen.

Allerdings gibt es etliche Stationen, an denen zumindest der Laie die Kunst nicht sofort erkennen kann. Andere Haltestellen hingegen bieten durchaus etwas fürs Auge – vor allem entlang der roten und blauen Linie. Am T-Centralen schlängeln sich beispielsweise blaue Girlanden durch die Gänge. In Alby zieren bunte Blumen die Wände, und am Hötorget sind die Wände grün gekachelt und Lichtinstallationen unter der Decke zu sehen. Blaue Stahlpfeiler geben der Station von

Kista den Hauch einer Galerie, und in Vreten sorgen schräg gestellte blaue Würfel auf dem Bahnsteig für den künstlerischen Touch. Vielleicht hat man in Stockholm ja deshalb relativ wenige Probleme mit Graffiti, weil die Wände ohnehin schon vollgemalt sind.

Ein Museum ist der ideale Ort, um ein bisschen zu flirten. Wenn es sich bei der U-Bahn von Stockholm also um die größte Kunstgalerie handelt, müsste hier demnach der beste Platz zum Flirten sein. Das haben sich wohl auch die PR-Leute einer schwedischen Bank gedacht, die in riesigen Anzeigen für den Singlewagen warben. Jeden Montag, so ihre Aufforderung, sollten nur noch die Ungebundenen ganz vorne in den Zug einsteigen. So würde der erste Wagen zum Flirtabteil auf dem Weg zur Arbeit.

Die Idee war im Prinzip hervorragend – zumal Stockholm als die Hauptstadt gilt, in der weltweit die meisten Singles leben. Als Vorbild für die Flirtaktion diente den Schweden New York. Dort feierte das Flirtabteil angeblich einen Riesenerfolg. Vielleicht hätte die Sache mit dem Flirtwagen auch in Madrid, Paris oder Rom funktioniert – nicht aber in Stockholm. Denn auch in einem Singlewagen müsste man die Mitreisenden erst mal ansprechen, um mit ihnen überhaupt in Kontakt zu kommen. Genau hier aber liegt das Problem: Flirten im öffentlichen Raum gehört nicht gerade zu den Stärken der Schweden.

## *Abseits des Touristenstroms*

## *Stadt der hundert Sprachen*

*Wer sich im Stockholmer Stadtteil Rinkeby verständigen will, hat mit Schwedisch schlechte Karten*

Babylon liegt mitten in Schweden. Dabei ist Rinkeby auf den ersten Blick ein ganz normaler Vorort von Stockholm: Die für schwedische Großstädte so typischen lang gestreckten vier- bis sechsstöckigen Mietskasernen stehen auch hier. Schön sehen die braun und grün gestrichenen Blöcke nicht aus – sie sind aber auch nicht hässlicher als in anderen Gegenden.

Trotzdem unterscheidet sich Rinkeby von ihnen. Denn in Rinkeby, im Nordwesten der schwedischen Hauptstadt, spricht man mehr als einhundert Sprachen. Schwedisch, zumindest als Muttersprache, kann hier fast niemand. Weniger als zwei Prozent der Bewohner Rinkebys sind im Land geboren. Hier wohnen vielmehr Einwanderer und Flüchtlinge aus aller Herren Länder: Somalis leben neben Irakern, Inder neben Ghanaern, Pakistanis neben Iranern. Kaum ein Volk, das hier nicht vertreten ist.

In dem bunten Völkergemisch von Rinkeby gibt es keine Gruppe, die eindeutig dominiert. Unter sich zu bleiben, fällt hier schwer. Wer mit dem Nachbarn sprechen will, muss deshalb doch schwedische Worte benutzen. Schwedisch ist das Esperanto von Rinkeby – Schwedisch allerdings in seiner rudimentärsten Form, gemischt mit Wörtern aus den verschiedensten Einwanderersprachen. Literaturpreise lassen sich mit »Rinkeby-Svenska«, wie die neu geschaffene »Sprache« bei Linguisten inzwischen offiziell heißt, nicht gewinnen. Freundschaften schließen und auch Konflikte austragen hingegen sehr wohl.

Wer am Rinkebytorg, dem Rinkebyplatz, aus der U-Bahn steigt, der tritt hinaus auf einen weiten Platz, der von mehrgeschossigen Laden- und Wohngebäuden eingerahmt wird. In seiner Mitte steht ein Springbrunnen – hässlich, aus einigen Rohren bestehend, die wohl ein Kunstwerk darstellen sollen. Ein schwedischer Vorort par excellence. Auf den Bänken um den Platz sitzen ältere Herren, sie sehen arabisch aus, mit hochgeschlagenen Mantelkrägen. Es ist kalt an diesem Oktobertag. Die Kälte scheint sie aber nicht zu stören, denn sie sind ins Gespräch vertieft.

Die schwedische Autorin Kerstin Ekman hat Rinkeby in ihrem Buch »Zum Leben erweckt« beschrieben. Da heißt es: »Der Geruch nach Masala und Minze und Knoblauch und rohem Fleisch im Supermarkt. Braunäugige alte Männer mit Persianermützen auf Parkbänken. Gleichsam in einer Zeit ruhend, die niemals zu Ende geht.« Ekmans Buch ist zehn Jahre alt – außer der Mützenmode der alten Männer hat sich in Rinkeby nichts verändert.

Einige junge Afrikaner stehen in Gruppen an der Mauer des Einkaufszentrums. Die hell getünchte Wand wirft die Herbstsonne zurück, macht die Kälte des schwedischen Herbstes erträglich. Sie unterhalten sich laut, müssen das auch. Denn sonst könnten sie die Musik nicht übertönen, die am Stand des libanesischen Gemüsehändlers an der Ecke aus einer Anlage plärrt. Um seinen Stand, den er in der Nähe des hässlichen Brunnens aufgebaut hat, drängen sich Frauen. Tief verschleiert die einen, in bunte afrikanische Stoffe gehüllt die anderen. In ihrer Mitte eine grauhaarige alte Dame. Sie könnte eine Schwedin sein, kommt aber – wie ich auf Nachfrage erfahre – aus Russland.

Am Rande des Platzes liegt die »Rinkeby Gallerian«, ein Warenhaus für Billigramsch. Gefragt ist aber vor allem das Café im Erdgeschoss. Es befindet sich fest in Hand arabischer Männer. Junger Araber. Sie scheinen kälteempfindlicher zu sein als ihre Väter und Großväter, die draußen in der schwedischen Herbstsonne sitzen. Ist es nur Einbildung? Als ich an der Theke einen Kaffee bestelle, spüre ich die Blicke auf mir. Ich erwidere sie, glaube darin die Frage zu lesen, »Was macht der denn da?« Blonde Menschen verirren sich offensichtlich nur selten in das Viertel.

Tatsächlich sind die meisten Stockholmer noch nie in ihrem Leben in diesem Vorort gewesen. Warum auch – zu sehen gibt es nichts und zu tun auch nicht. Und dann ist da auch noch die Angst vor dem Fremden, dem Anderssein, die selbst die ansonsten so toleranten Schweden tief in sich tragen. »Willst du denn wirklich nach Rinkeby?«, fragten auch mich schwedische Freunde. Sie warnten mich sogar vor der Fahrt nach Rinkeby, als plante ich eine Expedition durch den Dschungel des Amazonas. Dabei liegt Rinkeby nur zehn Haltestationen mit der *tunnelbana* vom Stadtzentrum entfernt – und nicht am anderen Ende der Welt.

Von Gewalt und Aggression ist hier, im Stadtteil Rinkeby, nichts zu spüren. Ruhig und friedlich geht es zu, wenn man durchs Viertel läuft. Was auffällt: Gelacht wird hier mehr als in manch anderen Vororten, die fest in schwedischer Hand sind. Dennoch ist Rinkeby kein Paradies. Der Stadtteil hat durchaus seine Probleme. Wer in der Stadtteilzeitung *Mitt i Rinkeby* blättert, erfährt, dass Halbwüchsige von einer Brücke aus Steine auf fahrende Busse geworfen haben. Als schließlich ein Fahrrad von oben auf die Windschutzscheibe eines Busses krachte, erwogen die Verkehrsbetriebe sogar ernsthaft, die nach Rinkeby führende Linie 517 ganz einzustellen. In *Mitt i Rinkeby* kann man auch die Geschichte eines neunzehnjährigen Arabers nachlesen, der auf dem Rinkebytorg nach einem Streit niedergestochen und schwer verletzt worden ist. Ereignisse wie diese sind zwar die Ausnahme. Sie tragen aber dazu bei, dass Rinkeby in Stockholm noch immer einen zweifelhaften Ruf genießt.

Dabei überwiegen die Erfolgsgeschichten. Beispielsweise die von Reza Mansouris Buchladen.

»Alfabet Maxima« heißt er, und er liegt nur wenige Schritte vom Rinkebytorg entfernt. Dass der Laden im Stadtteil der hundert Sprachen liegt, spiegelt sich auch im Sortiment wider: Persische Bücher stehen ebenso im Regal wie arabische. Auch finnische oder russische Literatur ist zu haben. Selbst Astrid Lindgrens Bücher bekommt man hier – in so exotischen Sprachen wie Bengali und Romani.

Reza Mansouri liebt seine Bücher. Und er ist Optimist. Dabei liegt Schlimmes hinter ihm: Der schwarzhaarige Mittfünfziger ist Arzt, musste vor vielen Jahren aus dem Iran nach Schweden fliehen. Er, der hier in Rinkeby lebt und arbeitet, wundert sich nicht, dass es manchmal zu Streitigkeiten kommt. Er wundert sich vielmehr, dass es so selten dazu kommt: »Manche Menschen, die in meinem Laden Seite an Seite ein Buch lesen, würden sich in ihrem Heimatland bis aufs Messer bekämpfen«, sagt Reza Mansouri. Hier in Schweden aber lebten sie meist friedlich zusammen, »weil sie dieses Land jetzt als ihre Heimat betrachten«.

Reza Mansouris Laden ist aber nicht nur deswegen eine Erfolgsgeschichte, weil er zur Völkerverständigung beiträgt, sondern auch, weil er die Kinder zum Lesen animiert. Dieses Ziel hat sich übrigens auch die Schule von Rinkeby gesetzt – und sie liefert damit weiteren Stoff für eine Erfolgsstory. Ein Direktor und engagierte Lehrer haben es innerhalb eines Jahrzehnts geschafft, »Rinkebyskole« vom Schrecken aller Pädagogen in eine der besten und meistprämierten Schulen des

Landes zu verwandeln. In einem landesweiten Mathematikwettbewerb kamen 2006 sechs der sieben Finalisten von dieser Schule. Inzwischen genießt sie einen so guten Ruf, dass sogar Eltern aus anderen Stadtteilen ihre Kinder zum Unterricht anmelden.

Mehr noch: Die Schule in Rinkeby gilt als Vorzeigemodell für eine gelungene Integrationspolitik. Dafür bekommt sie fast jedes Jahr im Dezember hohen Besuch: Und zwar vom Literaturnobelpreisträger des jeweiligen Jahres höchstpersönlich.

## *1:0 für den Irak*

*Warum der Sieg der irakischen Fußballnationalmannschaft in Stockholm groß gefeiert wird*

Younis Mahmoud köpft in der 71. Spielminute zum 1:0 für die irakische Nationalmannschaft ein – und Anwar Al-Wakahs ist nicht mehr zu halten. Der siebzehnjährige Iraker liegt minutenlang in den Armen seines Freundes und ruft: »Heute ist der schönste Tag meines Lebens!« Nur dass er seiner Freude nicht – wie es in seinem Heimatland üblich ist – durch Gewehrschüsse Ausdruck verleihen darf, trübt seine Begeisterung ein wenig. Auch wenn er weiß, dass man so etwas in Schweden nicht macht.

Schon kurz nach Spielende des Finales um die Asienmeisterschaft zwischen dem Irak und Saudi-Arabien ist der Sergels Torg vollgepackt mit fünftausend Menschen. Per SMS haben sich die Iraker Stockholms dort zur Jubelfeier verabredet. Der Platz im Zentrum der Hauptstadt versinkt in einem rot-weiß-schwarzen Fahnenmeer. Dazwischen eine einsame blau-gelbe schwedische Flagge. In den Straßen der Umgebung staut sich der Verkehr. Die Jubelnden schwenken Fahnen aus den Autofenstern heraus und lassen ein Hupkonzert auf den Sieg erklingen. Stockholms Verkehrspolizei wird von so viel Begeisterung überrascht: Der Verkehr in der Innenstadt bricht zusammen.

In Schweden leben ungefähr hunderttausend Iraker. Die meisten von ihnen sind Flüchtlinge aus dem vom Krieg heimgesuchten Land. Jahr für Jahr kommen etwa neuntausend Neuankömmlinge hinzu. Denn anders als in den übrigen Ländern der Europäischen Union werden Iraker in Schweden mit offenen Armen empfangen. Nur jeder zehnte Asylantrag wird hier abgelehnt. Zum Vergleich: In Deutschland wird umgekehrt nur jeder zehnte Antrag bewilligt. Noch 2007 meinte der deutsche Innenminister Wolfgang Schäuble, angesichts der aktuellen Situation im Kriegsland Irak gäbe es keinen Grund, Notfallschritte zu ergreifen. Die Schweden sehen das anders.

Hierfür ist Anwar Al-Wakahs seinem Gastland dankbar. Er lebt erst seit wenigen Monaten in Schweden, spricht aber die Sprache seines neuen Heimatlandes schon recht passabel. Mehrmals wöchentlich besucht er einen Sprachkurs – die Rechnung dafür übernimmt der schwedische Staat. Außerdem erhalten Neuankömmlinge neben einem Wohnplatz ein Überbrückungsgeld in Höhe von umgerechnet zweihundertzwanzig Euro im Monat. Auf Anwars Konto geht seit Kurzem sogar eine staatliche Überweisung von etwa siebenhundertfünfzig Euro monatlich ein, denn wer länger als ein halbes Jahr im Land ist, hat in vollem Umfang Anrecht auf die staatliche Sozialhilfe.

Unter den feiernden Fußballfans auf dem Stockholmer Sergels Torg ist auch Fadi Farok. Er lebt schon seit vier Jahren in Stockholm, seine

Heimat hat er aber nicht vergessen. Er will zurück, aber erst, wenn im Irak Frieden herrscht. Jetzt, im Spätsommer 2007, ist ihm die Situation in seinem Land viel zu gefährlich: »Wenn du im Irak einkaufen gehst, weißt du doch nie, ob du auch wieder zurück nach Hause kommst.« Der Sieg der Fußballer gibt ihm ein bisschen Hoffnung, dass die Waffen eines Tages schweigen werden. Am Abend nach dem Spiel habe er bei seinen Verwandten im Irak angerufen, die ihm erzählten, dass seit einigen Stunden kein Bombeneinschlag mehr zu vernehmen sei. »Der Fußball schenkt ihnen eine Pause im Krieg«, sagt Fadi Farok. Wie zerbrechlich seine Hoffnung auf Frieden in seinem Land jedoch ist, merkt er jeden Abend, wenn er die Nachrichten im schwedischen Fernsehen verfolgt. Denn der Terror im Irak geht weiter. Und Stockholm bereitet sich auf weitere Flüchtlinge aus dem vom Krieg zerstörten Land vor.

## *Cool to be schwul*

*Bei der Pride Week in Stockholm feiern Schwule und Lesben aus ganz Schweden*

In fünf Minuten geht es los. Gunnar Nihlén tritt nervös von einem Bein auf das andere. Mit ihm warten zwanzig Zuschauer auf den Beginn des großen Schlagerkonzerts. Doch im Gegensatz zu ihnen ist Nihlén nicht nur zum Vergnügen da. Er hat das Konzert mitorganisiert. Das große Schlagerkonzert ist der traditionelle Höhepunkt der Pride Week, der Woche der Schwulen und Lesben, und ein Event, für das sich auch heterosexuelle Stockholmer interessieren. Schlag acht geht es los. Die erste Sängerin, die sich bei näherem Hinsehen als Sänger entpuppt, springt auf die Bühne. Das Publikum jubelt. Offenbar braucht es keine Zeit, sich erst mal aufzuwärmen. Gleich das erste Lied wird mitgesungen. Der Abend steht unter dem Motto »Grand Prix Eurovision de la Chanson« – und gut ein Dutzend schwedischer Teilnehmer an diesem Wettbewerb aus den vergangenen Jahren und Jahrzehnten sind mit dabei. Gunnar Nihlén zerdrückt heimlich eine Träne. Vor Freude und Erleichterung. Alles klappt ausgezeichnet, die Stimmung könnte nicht besser sein. Bald weicht die Anspannung aus seinem Gesicht und er tanzt wie alle anderen zur Musik.

Aber nicht nur Party ist während der Pride

Week angesagt. Deswegen ist auch Pastor Åke Green ein Thema. Kommt die Sprache auf den sechsundsechzigjährigen Pastor der fundamentalistischen Pfingstgemeinde, geraten Homosexuelle im ganzen Land in Rage. Åke Green war wegen seiner schwulenfeindlichen Äußerungen sogar schon ein Fall für den »HomO«. HomO ist der Ombudsmann der Homosexuellen in Schweden, eine Art Bürgerbeauftragter, der sich für die Belange und Rechte von Schwulen und Lesben einsetzt.

Der alte Pastor hatte Homosexuelle in seinen Predigten als »Krebsgeschwür im Körper der Gesellschaft« bezeichnet und sie mit Sodomisten und Pädophilen verglichen. Der HomO verklagte den Kirchenmann daraufhin. Die Richter verurteilten Pastor Green zwar in erster Instanz, doch in der Revision wurde der Priester freigesprochen: Der Oberste Gerichtshof sah seine Äußerungen durch die Religionsfreiheit im Lande gedeckt.

Trotz solcher Typen wie Åke Green sind die Schweden laut Statistik nach den Niederlanden das Volk in Europa, das gegenüber Schwulen und Lesben am tolerantesten eingestellt ist. Einundsiebzig Prozent der Schweden stimmen einer Ehe zwischen Homosexuellen zu. Und jeder Zweite im Land ist der Meinung, dass auch Schwule und Lesben Kinder adoptieren dürfen sollten. Zum Vergleich: Deutschland bringt es bei der Umfrage des Eurobarometers von 2006 auf Werte von nur zweiundfünfzig beziehungsweise zweiundvierzig Prozent.

Diese Toleranz seiner Landsleute spürt auch Gunnar Nihlén. Er engagiert sich seit Jahren in der Schwulenbewegung und organisiert das Schwulenfestival »Stockholm Pride« mit, das jährlich im August stattfindet. Während der Pride Week stehen Konzerte und Partys für die Feierwütigen auf dem Programm, aber auch Diskussionen und Vorträge. Den Abschluss bildet der große Umzug durch die Stockholmer Innenstadt. Fünfzehntausend Schwule und Lesben nehmen daran teil – und bis zu einer halben Million neugieriger Stockholmer verfolgen die Parade vom Straßenrand aus. Roger ist auch dieses Jahr wieder mit dabei. Als Teilnehmer. Er ist Mitte fünfzig, und sein kleines Bäuchlein zeichnet sich unter dem eng anliegenden Turnhemd im Stil der sechziger Jahre besonders deutlich ab. Kurze Hose, Turnschuhe und rosa Puschel vervollständigen sein Outfit. Zusammen mit neun anderen Männern jenseits der vierzig gehört er einer Schwulengruppe im südschwedischen Malmö an. Ein Ausflug nach Stockholm ist für die Männer wichtiger Bestandteil eines gelungenen Sommers. Seit Jahren kommen die Zehn aus Malmö gemeinsam zur Parade. Diesmal haben sie sich sogar eine eigene Choreografie ausgedacht: Ähnlich wie Cheerleaders vor den Spielen eines American Football Teams heizen sie das Publikum an. Nur sind sie nicht ganz so jung, nicht ganz so schlank und eben Männer. Dafür aber ist die Gruppe witziger und weniger verbissen.

Mit dem Umzug geht dann auch die Pride

Week zu Ende. Dann kehrt Gunnar Nihlén wieder in seinen Beruf als Abteilungsleiter einer Bank zurück. Gunnar Nihlén hat einen festen Freund und sagt von sich: »Als Schwuler habe ich in Stockholm keinerlei Probleme.« Wer sich hier zu seinem Anderssein bekennt, muss keine Repressionen fürchten. Kaum ein Nachbar, Vermieter oder Arbeitgeber stört sich daran. Auf dem Land sieht das aber selbst im toleranten Schweden ganz anders aus: »Sich in einem Dorf zu seiner Homosexualität zu bekennen, erfordert weitaus mehr Mut«, sagt Nihlén. Auch um solchen Menschen zu helfen, engagiere er sich in der Schwulenbewegung.

Theoretisch werden Schwule und Lesben in Schweden schon lange nicht mehr diskriminiert. Bereits 1944, als man in Nazideutschland fürs Schwulsein noch mit dem rosa Winkel ins KZ kam, hat Schweden die Strafbarkeit von Homosexualität aus dem Gesetzbuch gestrichen. Trotzdem blieben die Vorurteile in den Köpfen haften: In den fünfziger und sechziger Jahren des zurückliegenden Jahrhunderts waren die Schweden, was Homosexualität betrifft, ebensolche Moralapostel wie die Deutschen und Österreicher.

Obwohl sich mit der Achtundsechziger-Bewegung auch das schwedische Sittengemälde grundlegend änderte, wurde Homosexualität noch bis 1979 in öffentlichen Statistiken als Krankheit geführt! Erst als sich deswegen einige Schwule bei ihren Betrieben wirklich krank meldeten und Krankengeld beantragten, strich der Staat Homosexualität aus der Krankheitsliste. Mit dem Ergebnis, dass Schweden heute als das Vorzeigeland bei der Gleichstellung von Schwulen und Lesben gilt. Die gleichgeschlechtliche Ehe ist in Schweden ebenso Fakt wie das Recht homosexueller Paare, ein Kind zu adoptieren. Lesbische Paare haben auch die Möglichkeit, sich künstlich befruchten zu lassen; dies steht sogar im Gesetz festgeschrieben. Zu diesen Themen will Gunnar Nihlén allerdings nur wenig sagen. Heiraten und Familie, das sei nicht sein Ding. Man müsse ja nicht alles machen, was erlaubt sei, sagt er und grinst. Dennoch sei es wichtig, während der Pride Week weiterhin für die politischen Rechte und die gesellschaftliche Anerkennung von Schwulen einzutreten. »Der Spaß darf dabei aber nicht zu kurz kommen«, betont Nihlén. Der sei ohnehin garantiert – ist die Pride Week doch so etwas wie ein großes Klassentreffen, bei dem Schwule und Lesben aus dem ganzen Land gemeinsam feiern.

Inzwischen gehört es aber auch für wichtige Politiker zum guten Ton, sich beim Pride Festival zu zeigen. Ministerpräsident Frederik Reinfeld von der Konservativen Partei war dabei, und Finanzminister Anders Borg gilt schon als Stammgast bei der Pride Week. Kein Wunder: Schwule und Lesben haben sich in Schweden inzwischen von einer ausgegrenzten Rand- zu einer wichtigen Wählergruppe entwickelt. Nur von der ebenfalls im Reichstag vertretenen Christlichen Volkspartei lässt sich nie ein Spitzenpolitiker sehen. Für die konservativen Christen passen die Homosexuellen noch immer nicht in das traditionelle Familienbild.

Die Wählerstimmen der Lesben und Schwulen brauchen die Politiker der Christlichen Volkspartei ohnehin nicht. Sie haben ja schon treue Anhänger wie den Pastor Åke Green.

## *Mit der Faust ins Ziel*

*Vierhundertfünfzig Hooligans halten Stockholms Polizei in Atem*

Ich treffe Erik in einer Bar in Stockholm. Es ist Samstagabend, und Erik ist betrunken. Erik heißt übrigens nicht Erik, ich nenne ihn hier nur so. Der junge Mann mit dem speckigen Blondhaar, der neben mir an der Bar steht, will seinen richtigen Namen nicht nennen. Und das aus gutem Grund: Erik ist ein Hooligan.

Von seiner Sorte gibt es in Stockholm etwa vierhundertfünfzig – gleichmäßig verteilt auf die drei Fußballvereine der ersten Liga: AIK, Djurgården und Hammarby. Dass Erik Hammarby-Fan ist, erkenne ich an dem grün-weißen Schal, den er um den Hals trägt. Obwohl das Wort Fan auf Erik und seine Kumpel eigentlich gar nicht passt. Denn die wirklichen Fans distanzieren sich von Chaoten wie ihm.

Wo Typen wie Erik auftauchen, machen sie Ärger. Wann immer die Spieler der Stockholmer Clubs zu einem Stadt-Derby auflaufen, hat die Polizei Großeinsatz. Die Konkurrenz aus der eigenen Stadt ist den Hooligans nämlich besonders verhasst. Die Stockholmer Steuerzahler kosten diese »Hochrisikospiele« umgerechnet eineinhalb Millionen Euro pro Jahr.

Aber nicht nur wegen der Polizeipräsenz

kommt es auf den Zuschauerrängen nur selten zur Randale. Das liegt auch daran, dass sich viele Hooligans nur noch am Rande für Fußball interessieren. Einige lassen die Spiele gleich ganz aus – und stärken sich, während die echten Fans im Stadion sitzen, lieber mit ein paar Flaschen Bier für die Schlägerei nach dem Abpfiff.

Dann fliegen die Fäuste – zwar weniger zielgenau, aber umso aggressiver. Die Polizei weiß: Je jünger die Schläger sind, desto gewaltbereiter sind sie – und desto rücksichtsloser treten sie auf. Erik scheint diese Theorie zu bestätigen: Der einundzwanzigjährige Arbeitslose erzählt lallend von den letzten Spielen. Spielzüge und Tore kommen in seinem Bericht nur am Rande vor. Er erinnert sich vor allem an die Schlägereien mit den gegnerischen Fans – und an die Auseinandersetzungen mit der Polizei. Auf einem Video im Internet könne man ihn sogar sehen, meint Erik stolz. Die Schlägereien werden immer häufiger von den Beteiligten mit dem Handy mitgefilmt und dann stolz im World Wide Web präsentiert.

Eriks Lallen ist inzwischen fast unverständlich. Plötzlich rutscht er vom Barhocker und tritt mit seinem Schuh laut fluchend, mit voller Wucht, gegen den Tresen – als wolle er mir demonstrieren, wie er nach dem letzten Spieltag einen AIK-Anhänger malträtiert hat.

Es reicht mir, ich beschließe, dass es Zeit wird, mich zu verabschieden. Doch vor mir muss Erik gehen, denn inzwischen ist auch der Türsteher der Kneipe auf ihn aufmerksam geworden. Der bullige Typ greift sich den eher schmächtigen Erik und setzt ihn entschlossen vor die Tür. Erik wehrt sich kaum. Er hat wohl schon zu viel Alkohol im Blut.

# Geschichten aus der Geschichte

## Bluttropfen im Schnee

*Stockholms Altstadt war einst Schauplatz eines blutigen Gemetzels*

Vier Uhr nachmittags in Gamla Stan: Nebelschwaden ziehen durch die Altstadt von Stockholm. Vor einer Stunde ist die Sonne untergegangen. Der Schnee reflektiert das Licht der Straßenlaternen. Menschen hasten durch die engen Gassen. Die meisten von ihnen sind nach der Arbeit auf dem Weg nach Hause. Auf dem Weg in die Wärme. Zurück in die Räume hinter den Fenstern mit ihrem anheimelnden, verführerisch gelbroten Schein. Die Mantelkrägen haben sie hochgeschlagen, die Hände tief in den Taschen vergraben. Die Auslagen der Schaufenster würdigen die Passanten mit keinem Blick.

Jetzt, in der Vorweihnachtszeit, sind in der Altstadt Stockholms nur die Einheimischen unterwegs. Postkarten, Dalapferde, Schneekugeln mit dem Königlichen Schloss und andere Souvenirs interessieren sie nicht. Touristen, die im Sommer durch die Straßen schlendern und in den Cafés sitzen, sind im Dezember kaum zu sehen. Die Geschäfte der Andenkenhändler laufen schlecht. Für sie heißt es, bis zum Sommer durchzuhalten. Darauf zu warten, dass sich in Gamla Stan wieder die Touristen auf der Suche nach Fotomotiven und Souvenirs drängen, dass T-Shirts mit Schwedenfahnen oder Schnapsbecher mit Elchmotiven wieder zu begehrten Waren werden. Auch darauf, dass in den Gassen der Altstadt Deutsch, Englisch und Italienisch das Schwedische als dominierende Sprache verdrängen.

In Gamla Stan begann die Geschichte Stockholms. Im Jahr 1252 hat Birger Jarl an diesem Ort die Stadt gegründet. In Gamla Stan stehen die Storkyrkan, eines der ältesten Gebäude der Stadt, die Riddarholmskyrka, die Begräbniskirche der Könige, und auch das Schloss. Dieses Schloss, im Sommer Lieblingsmotiv der Touristen, wurde zwar erst im 18. Jahrhundert errichtet, doch schon zu Birgers Zeiten stand hier eine Burg.

Die alten Herrenhäuser blicken hinab auf die Vorbeieilenden. Im Winter erkennen sie wieder mehr bekannte Gesichter. Jetzt bleiben Stockholmer unter sich. Gamla Stan ist Postkartenidylle pur. Doch nicht immer ging es in Stockholms Altstadtgassen so friedlich zu wie heute.

Im Winter 1520 zog der Gestank von Verwesung durch die engen Gassen. Auf dem Stortorg, dem zentralen Platz, ließ der dänische König Christian II. fast hundert Adelige hinrichten, die einen Aufstand gegen ihn angezettelt hatten. Zwei Tage lang wütete der Henker mit seinem Fallbeil. Die abgetrennten Köpfe rollten durch die steilen Straßen zum Meer hinab, die Köper ließ man zur Abschreckung liegen. Erst nach Tagen wurden sie weggeschafft und außerhalb der Stadt verbrannt.

Nach 1397 waren Dänen, Norweger und Schweden in einem Königreich vereint. Meist aber hatten die Dänen die Krone auf. Das gefiel den Schweden irgendwann nicht mehr; es kam zum Aufstand. Doch die schwedische Armee war militärisch zu schwach und musste sich schließlich dem Heer des Dänenkönigs Christian II. ergeben. Der zeigte sich scheinbar versöhnlich, gewährte großzügig allen Aufständischen Amnestie und lud zu einem dreitägigen Fest nach Stockholm ein. Am Abend des dritten Tages aber ließ der König alle schwedischen Adeligen zu sich rufen. Doch anstelle eines friedlichen Umtrunks erwartete sie der Tod: Die Nichtsahnenden wurden festgenommen, in einem Schnellverfahren verurteilt – und bereits am nächsten Tag begann die Hinrichtungsorgie.

Sein Blutrausch brachte auch den Mörder in Bedrängnis. Ein neuer und noch gewaltigerer Aufstand begann, und drei Jahre nach den Hinrichtungen in Gamla Stan verlor Christian II. seinen Königstitel nicht nur in Schweden, sondern auch im heimischen Dänemark. Denn auch dort putschte der Adel gegen die Krone. Der König konnte zunächst fliehen, wurde aber schließlich gefangen genommen. Siebenundzwanzig Jahre seines Lebens verbrachte der Monarch, an dessen Händen so viel Blut klebte, danach in Kerkerhaft. Die Toten aber haben bis heute Gamla Stan nicht verlassen: Einer Sage zufolge treffen sich die Hingerichteten jedes Jahr am Tag ihres Todes auf dem Stortorg – und ziehen als dichte Nebelschwaden durch die Gassen der Altstadt.

## *Jungfernfahrt mit Todesfolge*

*Im Sommer 1628 sank das damals größte Kriegsschiff der Welt nach nur zwanzigminütiger Fahrt im Hafen von Stockholm*

Am 10. August 1628 ging der fünfzehnjährige Christer an Bord der Wasa. Er war der königlichen Miliz in die Arme gelaufen und zum Dienst in der Marine verpflichtet worden. Seeleute auf diese Weise zu rekrutieren, war im Schweden des 17. Jahrhunderts gängige Praxis. Denn freiwillig fuhren nur die Wenigsten zur See. Zu schlecht war der Sold, und zu entbehrungsreich das Leben an Bord.

Tausende Menschen standen an diesem schönen Sonnentag am Ufer, um dem Auslaufen der Wasa zuzusehen. Und sie jubelten – handelte es sich bei der Wasa doch um ein Regalschiff, den neuen Stolz der schwedischen Marine. Regalschiffe nannte man damals die besonders großen Kriegsschiffe – und die Wasa war das größte von allen: Fast siebzig Meter lang war sie, mit zehn Segeln bestückt, und an Bord befanden sich außerdem vierundsechzig Kanonen. Fast drei Jahre hatten vierhundert Handwerker an dem Schiff gearbeitet, und mehr als eintausend Eichen waren für den Bau gefällt und verarbeitet worden.

Das Schiff war vor dem Schloss vertäut und wartete auf den Befehl, ablegen zu dürfen. König

Gustav II. Adolf weilte zwar nicht in Stockholm – er war mit seinen Truppen in Polen unterwegs –, aber ansonsten war alles gekommen, was Rang und Namen hatte, um der Jungfernfahrt beizuwohnen. Auch ausländische Gesandte waren geladen, denn ganz Europa sollte von der Macht der schwedischen Marine erfahren. Das Auslaufen der Wasa sollte auch als Warnung dienen, König Gustav Adolf ließ die Muskeln spielen. Die Feinde auf dem europäischen Kontinent sollten abgeschreckt werden, sich mit den militärisch starken Schweden anzulegen.

Christers Puls schlug heftig, als das Schiff ablegte. Er war aufgeregt, weil er Schweden bis dato noch nie verlassen hatte. Und er hatte Angst, zog er mit der Fahrt nach Polen doch in den Krieg. Sein König wollte in Polen den Erzfeind des Reiches, König Sigismund III., besiegen. Sigismund war nicht nur Katholik und allein aus diesem Grund den protestantischen Schweden schon verhasst, sondern er war einst auch König von Schweden gewesen – und in dieser Funktion entmachtet worden. Allerdings hatte er die Hoffnung, auf den schwedischen Thron zurückzukehren, noch nicht aufgegeben.

Obwohl die Wasa also in den Krieg zog, befanden sich beim Auslaufen noch keine Soldaten an Bord. Diese sollten erst zusteigen, nachdem das Schiff den Schärengürtel verlassen hatte. Die restlichen Mitglieder der Schiffsbesatzung durften bis dahin aber sogar ihre Liebsten mit an Bord nehmen, um mit ihnen zu feiern. Würden sie die

Familie während der großen Reise doch mehrere Monate, vielleicht sogar Jahre nicht wiedersehen. Und viele Besatzungsmitglieder würden vermutlich nie mehr zurückkommen.

Um vier Uhr nachmittags ließ Kapitän Söfring Hansen schließlich die Anker lichten. Es war fast windstill, und so musste das Schiff die ersten hundert Meter aus dem Hafen gezogen werden. Dann aber hörte Christer den Befehl: »Setzt Fock, Vormarssegel, Großmarssegel und Besan!« Er legte sich mit seinen Kameraden ins Zeug, stieg in luftiger Höhe in die Rah und bald standen die Segel im Wind. Die Wasa gab ein prächtiges Bild ab, und von seinem Ausguck hoch oben hatte Christer einen hervorragenden Blick auf die Menschenmassen, die dem Schiff und seiner Besatzung vom Ufer aus zuwinkten und zujubelten.

Plötzlich aber legte sich die Wasa schräg. Die Matrosen in den Segeln konnten sich nur mit Mühe festhalten. Doch schnell richtete sich die Wasa wieder auf. Niemand maß der kurzen Schräglage große Bedeutung bei. Nur einem stockte der Atem: Admiral Clas Larsson Fleming, einem der Hauptbefehlshaber der Flotte. Er beobachtete vom Ufer aus die Fahrt der Wasa mit Sorge. Als er sah, wie sich das große Schiff schräg legte, wusste er sofort um die Gefahr. Einige Tage vor dem Auslaufen hatte er nämlich die Stabilität des Schiffes getestet, hatte dreißig Schiffsburschen von der einen Seite des Schiffes zur anderen rennen lassen. Schon nach kurzer Zeit krängte die Wasa so stark, dass der Admiral den Versuch abbrechen ließ. Später, als die Folgen der Katastrophe vor dem Seegericht verhandelt wurden, erinnerte sich ein Matrose an Flemings Worte während des Tests: »Wenn nur Ihre Majestät zu Hause wäre.« Ohne die Einwilligung des Monarchen hatte es Fleming aber nicht gewagt, die Jungfernfahrt abzublasen. Diese Entscheidung sollte viele Menschenleben kosten.

Vorerst aber hielt das Schiff Kurs. Christer und die anderen Matrosen kletterten gerade von den Rahen herab, als sich das Schiff erneut langsam, fast in Zeitlupe, auf die Seite legte. Dadurch konnte Wasser durch die offenen Kanonenpforten ins Schiffsinnere einlaufen, und das besiegelte das Schicksal der Wasa endgültig. Mit gehissten Segeln versank sie in den Fluten der Ostsee – und nahm diejenigen, die unter Deck ihren Dienst versahen, mit in die Tiefe.

Die Jungfernreise des prächtigen Schiffes hatte nur zwanzig Minuten gedauert. Christer hatte Glück: Die Seeleute auf Deck konnten sich mit einem Sprung ins Wasser retten. Allerdings wäre Christer dennoch fast ertrunken. Wie die meisten Menschen damals konnte auch er nicht schwimmen. Wild zappelnd und rudernd erreichte er nach knapp fünfzig Metern aus eigener Kraft das Ufer der Insel Beckholmen. Als er sich umdrehte, war von der Wasa bereits nichts mehr zu sehen.

Zwei Wochen nach dem Unglück erfuhr der König über einen Kurier, dass die Wasa untergegangen war. Er war außer sich vor Wut. Auf Unverstand und Unachtsamkeit sei das Unglück zurückzuführen, wetterte er – und setzte sofort eine Untersuchungskommission ein. Diese sollte den Schuldigen ausfindig machen und entsprechend bestrafen. Dabei trug der hochmütige König selbst den größten Teil der Schuld: Seit 1621 lag Schweden mit den Polen im Krieg. Polens mächtige Seeflotte war ein ernst zu nehmender Gegner im Kampf um die Vorherrschaft in der Ostsee. Um den Polenkönig Sigismund in die Knie zu zwingen, gab Gustav Adolf bei der Stockholmer Werft vier Kriegsschiffe in Auftrag. Eines davon, so sein Befehl, sollte so monumental sein, dass der Gegner allein beim Anblick erschaudern und die Flucht ergreifen würde. »Nächst Gott beruht das Wohlergehen des Reiches auf seiner Flotte«, postulierte Gustav Adolf.

Immer neue Anweisungen gab der König während der Bauphase. Mal sollte das Schiff noch größer werden, mal noch schwerere Kanonen an Bord aufnehmen können, mal noch prunkvoller werden. Gustav Adolf wünschte sich zunehmend schmückendes Beiwerk und Verzierungen. Denn ein Kriegsschiff galt damals nicht nur als Kampfgerät, sondern es war gleichzeitig auch ein Zeichen königlicher Macht.

Gustav Adolf übte auch auf den Zeitplan des Baus enormen Druck aus. Die Zeit drängte, und er wollte die Wasa schnellstmöglich zum Einsatz bringen. Vor dem Stapellauf blieb daher keine Zeit mehr, die Einsatztauglichkeit des Schiffes zu überprüfen – und gegebenenfalls zu korrigieren. All das passierte zudem in einer Zeit, in der man

Schiffe nicht anhand von Plänen baute und in der mathematische Stabilitätsberechnungen noch unbekannt waren. Vielmehr griffen die Schiffsbauer auf Erfahrungswerte zurück. Doch ein Schiff wie die Wasa gab es noch nicht, und sämtliche Maßtabellen führten die Erbauer in die Irre. Die Folge war, dass der Schiffsmittelpunkt zu hoch lag, man zu wenig Ballast mit an Bord nahm – und die Wasa schon bei leichtestem Wind nicht mehr seetüchtig war.

All das fand man aber erst viele Jahre später heraus, nachdem die Wasa 1961 gehoben und im Wasa-Museum auf der Insel Djurgården ausgestellt worden war. Die vom König eingesetzte Kommission hingegen bestrafte keinen Schuldigen. Sie übernahm das Urteil des Baumeisters. Dieser antwortete auf die Frage, wer den Untergang der Wasa denn nun zu verantworten habe: »Das weiß Gott allein.«

## *Keine Milch für Männer*

*Vor mehr als hundert Jahren wurde in Stockholm ein Laden nur für Frauen eröffnet*

Männer müssen draußen bleiben! Was bei vielen Frauencafés, Frauenhotels und Frauenläden heutzutage normal ist, galt 1905 noch als revolutionär. Immerhin sprechen wir über eine Zeit, als schwedische Frauen weder wählen noch ohne Zustimmung des Ehemannes über größere Geldsummen verfügen durften. Sämtliche Geschäfte befanden sich damals im Besitz des vermeintlich starken Geschlechts. Zumindest so lange, bis Anna Whitlock kam: Sie gründete eine Genossenschaft für Frauen, einen Lebensmittelladen auf dem Stockholmer Stureplan – von Frauen und nur für Frauen.

Anna Whitlock kam aus bürgerlichem Hause, und der Kampf für die Rechte der Frau hatte in ihrer Familie Tradition. Schon ihre Mutter Sophie und die Schwester Ellen waren in der Suffragettenbewegung aktiv. Der liberale Vater – ein gut situierter Großhändler – stand dem Ganzen wohlwollend gegenüber.

Warum gründete Anna Whitlock aber gerade eine Genossenschaft für Lebensmittel? Nahrungsmittel waren damals meist von extrem schlechter Qualität. Milch wurde in der Regel gepanscht, Getreide gestreckt, Bier verwässert. Die Folge: Immer häufiger starben Kleinkinder und Babys aus armen Arbeiterfamilien, weil ihre kleinen Körper die mit verschmutztem Wasser versetzte Milch nicht vertrugen. Whitlock, die in jenen Tagen eine Schule in Stockholm leitete, bekam das Leid der Kinder hautnah mit – und beschloss, daran etwas zu ändern.

Im November 1905 wurde die erste Filiale von »Svenska Hem« eröffnet. Im »Schwedischen Heim« gab es qualitativ hochwertigere Lebensmittel zu recht günstigen Preisen. Und weil Anna Whitlock überzeugt war, dass sich kein Mann freiwillig in die zweite Reihe stellen lassen würde, sollten die Frauen ganz unter sich bleiben.

Doch die Männer der Stadt mischten sich sehr wohl ein. Und zwar massiv. Der Schwedische Händlerverband rief seine Mitglieder zum Totalboykott des Frauenladens auf: Von Stund an lieferten seine Mitglieder nichts mehr an »Svenska Hem«. Die Frauen versuchten daraufhin, ihre Waren direkt vom Bauern zu beziehen. Sie reisten kreuz und quer durchs Land, um an Lebensmittel zu kommen. Vergebens: Niemand wollte mit ihnen handeln. Auch im Ausland erging es den Frauen des »Schwedischen Heims« nicht besser: In Hamburg und Amsterdam wurden sie von den Händlern ebenso boykottiert wie im eigenen Land.

Doch Whitlock gab nicht auf und schickte ihre Einkäuferinnen weiter durch ganz Europa. Diese wurden schließlich in London fündig, wo sie Tee, Plätzchen und Marmelade erhielten, sowie in der

Schweiz und Italien, Länder, aus denen sie Käse und Olivenöl bezogen. Nach und nach gelang es den Stockholmer Frauen auf diese Weise, ein Händlernetz in ganz Europa aufzubauen. Letztendlich half der Boykott dem Laden sogar zum Erfolg: Da die Eigentümerinnen europaweit einkauften, gab es hier Waren, die Kundinnen andernorts vergeblich suchten.

Bald schon konnte »Svenska Hem« vier weitere Genossenschaftsläden eröffnen. Auch was die Versorgung der Angestellten anging, waren die Frauen den Männern voraus: wer für »Svenska Hem« arbeitete, dessen Lohn wurde regelmäßig erhöht. Auch im Krankheitsfall waren die Verkäuferinnen versichert – ein sozialer Schutz, der im übrigen Schweden erst in den dreißiger Jahren des vergangenen Jahrhunderts eingeführt wurde.

Dennoch währte der Erfolg von »Svenska Hem« nur kurz. Während des Ersten Weltkriegs erfasste eine schwere Wirtschaftskrise das Land, obwohl Schweden selbst nicht am Krieg beteiligt war. Auch die Umsätze von »Svenska Hem« gingen zurück. Die Genossenschaftsläden waren als eigenständige Unternehmen bald nicht mehr überlebensfähig. Um in der Not Synergieeffekte zu nutzen, schlossen sich die Damen um Anna Whitlock mit einer anderen, erheblich kleineren Genossenschaft zusammen: der »Konsumentenvereinigung Stockholm«, die unter dem Namen »Coop-Konsum« bis heute besteht.

Bei der »Konsumentenvereinigung Stockholm« hatten jedoch die Männer das Sagen. Und obwohl ihre Vereinigung viel kleiner war, übernahmen sie bald die Führung der zusammengeschlossenen Genossenschaft. Nach nur wenigen Jahren wurde kein einziger Laden mehr, der einst zu »Svenska Hem« gehört hatte, von einer Frau geführt. Anna Whitlock hatte recht behalten: Männer können nicht in der zweiten Reihe stehen.

## *Das Stockholm-Syndrom*

*Eine Geiselnahme macht eine Stadt bekannt*

Als Birgitta Lundblad am Morgen des 23. August 1973 zur Arbeit ging, ahnte sie nicht, dass sie zwei Stunden später Opfer eines Verbrechens werden würde. Die junge Frau, verheiratet und Mutter von zwei Kindern, war bei einer Bank im Stockholmer Stadtteil Norrmalm angestellt. Es war gegen zehn und Birgitta Lundblad gerade dabei, Überweisungsformulare abzustempeln, als sie durch Schüsse aus einem Maschinengewehr aufgeschreckt wurde, die durch die Bankhalle peitschten. Die damals einunddreißigjährige Bankangestellte warf sich auf den Boden und suchte unter ihrem Schreibtisch Schutz, während die Splitter der Glasdecke auf sie herabfielen. Wenige Sekunden später sah sie erstmals in das Gesicht von Janne Olsson. Der Mann, der die Bank überfallen hatte, befahl ihr aufzustehen. Dann fesselte er Birgitta Lundblad und zwei ihrer Kolleginnen an einen der Marmorpfeiler in der Halle. Die anderen Angestellten und die Kunden ließ Olsson gehen.

Olssons spektakulärer Auftritt bildete den Auftakt einer sechstägigen Geiselnahme – und war gleichzeitig Beginn eines der bekanntesten Verbrechen in der Geschichte Schwedens. Das »Stockholm-Syndrom« ist seither ein feststehender Begriff in der Kriminalpsychologie: Er beschreibt das Phänomen, wenn sich Opfer eines Verbrechens mit den Tätern solidarisieren und eine emotionale Beziehung zu ihnen aufbauen. Birgitta Lundblad wird ihren Entführer später küssen – und das mehrere Tage, nachdem er sie gefesselt hat. Für die Psychologen war der Fall klar: Die junge Frau hatte sich in ihren Geiselnehmer verliebt, war er doch derjenige, der über ihr Schicksal entscheiden würde. Die Betroffene selbst sah das im Rückblick – und viele Jahre nach ihrer Freilassung – ganz anders: »Es war überhaupt nicht so, dass ich in meinen Entführer verliebt war«, widersprach Lundblad in einem Interview den Berichten der Klatschpresse. »Als Geisel muss man sich einfach der Situation anpassen, schließlich geht es ums Überleben.«

Janne Olsson forderte Geld, einen Fluchtwagen und Waffen. Und dann hatte er noch einen sonderbaren Wunsch: Er wollte, dass Clark Olofsson aus der Haft freigelassen und in die Bank gebracht würde. Das war insofern verwunderlich, da sich Olsson und Olofsson nicht kannten. Olofsson war damals einer der bekanntesten Verbrecher des Landes, saß schon seit Jahren in Haft. Olsson bewunderte ihn und wollte sein Vorbild auf diese Weise kennenlernen.

Die Polizei ging tatsächlich auf diese Forderung Olssons ein und brachte Olofsson in die Bank. Geld, Fluchtwagen und Waffen bekam Olsson aber nicht. Deswegen verbarrikadierte er sich mit seinen Geiseln im Tresorkeller. Weil ein männlicher Bankangestellter während des Überfalls dorthin geflüchtet war, fiel dem Kidnapper eine vierte Geisel in die Hände.

Nach eineinhalb Tagen Gefangenschaft musste eine der Geiseln, die dreiundzwanzigjährige Kristin Enmark, den damaligen Ministerpräsidenten Olof Palme anrufen. Sie sollte ihn überreden, die Forderungen des Geiselnehmers zu erfüllen. Doch Palme zeigte sich im Gespräch mit der verzweifelten jungen Frau wenig einfühlsam. Das etwa zwanzigminütige Telefonat, das mitgeschnitten wurde, zeigt, dass sich der Staatschef hilflos und eher belästigt fühlte – und sich offenbar nicht in die Extremsituation der Geiseln hineinversetzen konnte. Seine Ablehnung gipfelte darin, dass er die Geisel am anderen Ende der Leitung fragte, ob es nicht schön sei, an der Arbeitsstelle zu sterben. Diese Frage war dem Ministerpräsidenten später selbst so peinlich, dass er sie vom Band löschen ließ. Zum Schluss des Gesprächs forderte die junge Frau Palme wütend auf, sich doch gegen sie als Geisel austauschen zu lassen, wenn er ihnen schon nicht helfen wolle. Mit einem bitteren »Danke für die Hilfe« schmiss sie den Hörer auf die Gabel. Palme wurde tragischerweise viele Jahre später selbst Opfer eines Gewaltverbrechens – 1986 wurde er nur wenige hundert Meter von der Bank entfernt ermordet.

Das Gespräch mit Palme sei der Punkt gewesen, an dem sie endgültig aufgehört habe, auf die Hilfe des Staates zu hoffen, so Lundblad. Viel freundlicher als der Staatschef habe sie der Geiselnehmer behandelt. Nie sei er aggressiv geworden, nie habe er ihnen gedroht, sagt Lundblad. Das wenige Essen, das sie hatten, habe er mit seinen Geiseln geteilt – wie auch den Papierkorb, der ihnen als Toilette diente. Hier, im Tresorkeller, aus der engen Perspektive des Kellerverlieses, sei ihr der Staat bürokratisch und rücksichtslos erschienen. Sie habe keine Angst gehabt, von Olsson erschossen zu werden. Sondern vielmehr davor, bei einer Befreiungsaktion getötet zu werden.

Als die Polizei schließlich die Telefonleitungen kappte und von außen die Tür des Tresorraumes verriegelte, tauchten die sechs Menschen in ihre eigene Welt ab. Als die Polizei nach sechs Tagen die Geiseln befreite, hatte die erzwungene Nähe so viel Solidarität der Geiseln gegenüber den Geiselnehmern geschaffen, dass die Opfer später vor Gericht um Gnade und Verständnis für die beiden Gangster baten.

# *Schärengeschichten*

## *Kleine Fluchten*

*Ein Sommerwochenende in der Stadt zu verbringen, können sich die meisten Stockholmer nicht vorstellen. Sie fahren lieber mit dem Boot hinaus in die Schären*

Auch ich bin einer von denen, die sich am Samstagmorgen mit einem Picknickkorb beladen oder einem Daypack auf dem Rücken auf den Weg zur Anlegestelle machen. Dort starten die Ausflugsschiffe, die in die Stockholmer Schären hinausfahren. Wer im schwedischen Sommer arbeiten und daher in der Stadt bleiben muss, der kommt zumindest am Wochenende hierher. Den Sommer in der Stadt zu verbringen, ist nicht Sache der Stockholmer. Und eine Fahrt mit dem Schiff hinaus in den Schärengarten ist zumindest eine kleine Flucht.

Wer ganz besonders ungeduldig ist, packt schon während der Hafenausfahrt Thermoskanne und Stullen aus. Kaffeeduft kriecht übers Schiff, und das zweite Frühstück an Bord fordert die ganze Aufmerksamkeit der Esser. Stockholms Schönheiten sind ihnen egal. Kein Wunder: Haben sie sich doch schon Hunderte Male auf den Weg hinaus in die Schären gemacht. Vielleicht gehören sie sogar zu den Glücklichen, die dort ein kleines Wochenendhäuschen besitzen.

Mich versetzt die Fahrt durch die Gewässer der Innenstadt aber immer noch in Erstaunen. Und so lasse ich den Magen knurren und verschiebe mein Frühstück auf später. Ich genieße die Hafenausfahrt, den Blick nach rechts auf das Schloss und das Moderne Museum. Oder nach links auf die Insel Djurgården – dorthin, wo das Nordische Museum, das Freilichtmuseum Skansen, die Wasa und der Vergnügungspark Gröna Lund liegen.

Ganz Stockholm scheint an diesem Sommermorgen auf den Beinen und aus der Stadt zu fliehen – als hätten die Fernsehnachrichten einen Vulkanausbruch vorhergesagt. Eine Armada von Freizeitbooten hat Kurs genommen auf die Stockholmer Schären. Doch es droht keine Gefahr. Niemand flieht. Wer jetzt unterwegs ist, spürt Vorfreude im Bauch, freut sich auf ein Wochenende am Meer. Auf Würstchen, die auf dem Grill brutzeln, und auf die gemeinsame Zeit mit der Familie, mit Freunden oder einfach auch auf die Zeit für sich selbst.

Hundertfünfzigtausend Boote befinden sich in Stockholm in Privatbesitz, sagt die Statistik. Sie alle scheinen heute unterwegs zu sein. Platz gibt es auf den Inseln dennoch genug. Denn es sind fast dreißigtausend Inseln, die vor Stockholm im Meer liegen. Große und kleine. Bewaldete und unbewaldete. Bewohnte und unbewohnte. Und es kommen noch immer weitere hinzu. Langsam zwar, aber immerhin: Während der letzten Eiszeit bedeckten riesige Gletschermassen Skandinavien.

Sie drückten die Landmassen nach unten. Nachdem die Gletscher abgeschmolzen sind, hebt sich das Land langsam wieder. Dieser Prozess dauert noch immer an: Im Stockholmer Schärengarten steigt die Erde um dreißig Zentimeter an – allerdings binnen einhundert Jahren. Im Laufe der nächsten Jahrtausende werden also weitere Inseln vor der Küste aus dem Wasser steigen.

Enorm ist auch die Zahl der Häuser auf den Schären. Fünfzigtausend Ferienhäuser hat man dort erfasst. Das entspricht rein rechnerisch nicht einmal zwei Häusern pro Insel. Die Bauten verteilen sich allerdings natürlich anders. Und Robinson würde sich sicherlich nicht auf jeder Insel wohlfühlen.

Sobald das Schiff den inneren Hafen verlassen hat, übernimmt die Natur das Kommando über die Farbpalette. Sie gibt die Hintergrundfarben vor: Blau und Grün für Wasser und Wald. Der Mensch darf nur noch einzelne Farbtupfer hinzufügen: Gelb und rot für die Häuser auf den Inseln, und weiß für die Boote und Segel auf dem Meer.

Wohl auch wegen der Farben hat es Künstlerinnen und Künstler schon immer hinaus auf die Schäreninseln gezogen. Dort fanden sie Inspiration, konnten gedankenverloren am Ufer sitzen, die saubere Luft einatmen, sich die Sonne auf die Denkerstirn scheinen lassen und dem Geschrei der Möwen zuhören. Schriftsteller wie August Strindberg beispielsweise. Im Vorwort seines Romans »Die Leute von Hemsö« schreibt er, dass die

Stockholmer Schären schon immer eine besondere Anziehungskraft auf ihn ausgeübt hätten.

Nach gut einer Stunde Fahrt legt unser Boot das erste Mal an. Eilig werden die Picknickkörbe zusammengepackt und die ersten Städter steigen aus. Nach einer weiteren halben Stunde bin auch ich an meinem Ziel angekommen. Mit mir verlassen zehn andere Menschen das Boot. Von der Anlegestelle stapfe ich einen kleinen Pfad in den Wald hinein – und als ich mich umdrehe, sind die anderen schon verschwunden. Ob ihnen das kleine rote Haus neben dem Anleger gehört? Ich jedenfalls bin jetzt allein unterwegs. Habe die Insel für mich. Nach zehn Minuten erreiche ich die andere Seite. Beschließe, es den großen Künstlern gleichzutun. Auch ich suche jetzt nach Inspiration. Die Sonne und das Meer werden mich dabei unterstützen – wie auch der Inhalt meines Picknickkorbes.

# *Die Vier von Ingmarsö*

*Die kleinste Schule Schwedens liegt auf einer Schäreninsel vor Stockholm*

Große Pause in Ingmarsö. Die Schüler spielen Fangen, dennoch hält sich der Lärm auf dem Hof in Grenzen. Nur vereinzelt ist ein aufgeregtes Lachen zu vernehmen. Eine Pausenaufsicht braucht es hier nicht. Auch niemanden, der die Schüler nach der Pause zurück in den Unterrichtsraum treibt.

An diesem Morgen sind die Kinder der Grundschule von Ingmarsö vollzählig zum Unterricht erschienen. Das heißt: Elisabeth, Jonas, Erik und Sven sind da. Mehr Kinder werden in der kleinsten Schule Schwedens nicht unterrichtet. Jonas ist der Jüngste, er besucht die erste Klasse und unternimmt gerade seine ersten Leseversuche. Elisabeth ist schon viel weiter. Sie spricht bereits Englisch. Das zwar noch nicht perfekt, aber sie ist die Beste ihrer Klasse – und auch die Einzige. Denn in die »Fünfte« geht nur sie. Sven und Erik, die beiden Sechstklässler, sind die Schulältesten – und die einzigen Schüler in Ingmarsö, die überhaupt einen Klassenkameraden haben. Sie büffeln gerade Mathematik, versuchen, mit eng zusammengesteckten Köpfen eine Rechenaufgabe gemeinsam zu lösen.

Ihren Grimassen nach zu urteilen fällt ihnen

das alles andere als leicht. Aber sie haben es so gewollt: In Ingmarsö wählen die Schüler nämlich selbst, wann sie was lernen wollen. Natürlich müssen sie dabei die staatlich vorgeschriebenen Stundenzahlen einhalten. Doch in welcher Reihenfolge sie diese abarbeiten, bleibt ihnen überlassen. Auch Jonas aus der ersten Klasse bestimmt daher über seinen Schulalltag mit. Auf Ingmarsö wird frühzeitig Selbständigkeit geprobt.

Die vier Schüler der Grundschule von Ingmarsö teilen sich aber nicht nur einen Raum, sondern auch eine Lehrerin. Lena Eklund. Sie ist blond und Mitte fünfzig.

Die Schäreninsel sah schon bessere, will sagen kinderreichere Zeiten. Früher lebten hier mehr Familien. Doch viele Bauern gaben ihre Höfe auf, auch Arbeitsplätze fehlten. Und so zogen die meisten Familien aufs Festland. Auch wegen des Klimas: So schön es im Sommer auf Ingmarsö ist, so hart ist hier das Leben im Winter. Wenn ab November der regelmäßige Schiffsverkehr eingestellt wird, wird es recht einsam hier draußen.

Zu den besten Zeiten besuchten neunundzwanzig Kinder die Schule der Insel, erzählt Lena Eklund, die damals zusammen mit einer Kollegin unterrichtete.

In der Regel schließen Behörden Schulen, die weniger als zwölf Kinder haben. Das war auch für Ingmarsö geplant. Doch Lehrerin, Eltern und die übrigen Inselbewohner wehrten sich – mit Erfolg: Die Schulverwaltung des Kreises sah ein, dass, schlösse man die Schule, über kurz oder lang nur noch Rentner auf der Insel leben würden.

Seit 1867 werden die Inselkinder von Ingmarsö unterrichtet. Zunächst paukten die Bauernkinder gemeinsam auf einem der Höfe. Dann, 1901, wurde das kleine rote Schulhaus gebaut. Anfangs hatte dieses nur einen einzigen Raum. Doch im Laufe der Jahre kamen neue Räume hinzu. Heute steht ein richtiges »Schulzentrum« in der Inselmitte – samt Grundschule, Kindergarten und Bibliothek.

Wie überall in Schweden lernen die Kinder auch bei Lena Eklund ganz ohne Notendruck. Zensuren gibt es erst ab der achten Klasse. Und auch danach gilt: Schlechte Noten kommen nicht ins Zeugnis. Schüler, die das Klassenziel nicht erreichen, bekommen keine »Sechs«, sondern eine ausführliche Begründung ins Zeugnis geschrieben. In Schweden setzt man auf Förderung der Schwachen, nicht auf Auslese der Besten. Es geht nicht darum, den schwächeren Schülern ihre Grenzen zu zeigen. Vielmehr sollen sie langsam an das Niveau der besseren herangeführt werden. Wer nicht Schritt halten kann mit dem Rest der Klasse, dem wird ein sogenannter Schülerassistent zur Seite gestellt – ein Lehrer oder Sozialpädagoge, der individuell unterstützt. Wer den Stoff nicht gleich kapiert, verliert ergo nicht automatisch den Anschluss.

Das bedeutet aber nicht, dass es in Schweden keine Prüfungen gibt. Von diesen gibt es sogar mehr als etwa in Deutschland. Nur eben ohne

Noten. Die Lehrer verwenden mehr Zeit darauf, mit den Schülern zu sprechen. Ihnen zu erklären, was sie bei den Tests gut oder schlecht gemacht haben. Allein mit roten Korrekturzeichen wird niemand abgespeist. So viel Mühe lohnt sich offenbar: In der viel diskutierten PISA-Studie lagen die schwedischen Schüler zuletzt auf Rang neun, während die Deutschen mit dem zweiundzwanzigsten Platz nicht gerade brillierten. Was die Studie ebenso ergab: Nirgendwo sonst kommen so viele Schüler aus sozial schwachen Schichten zu einem hohen Schulabschluss wie in Schweden.

Kontakt zwischen Lehrerin und Schülern gibt es auf Ingmarsö mehr als genügend. Und einen Schülerassistenten braucht man bei nur vier Kindern auch nicht. Noch größere individuelle Betreuung kann man sich nicht wünschen. Auch die Zahl der vom Schulgesetz vorgeschriebenen Elterngespräche – nämlich zwei pro Jahr – wird in Ingmarsö deutlich übertroffen. Hier kennt jeder jeden. Und so wird ein Schulproblem schon mal beim Einkaufen an der Fleischtheke oder auf der Terrasse des einzigen Restaurants der Insel erörtert. »Als Lehrerin ist man hier auf der Insel eigentlich rund um die Uhr im Dienst«, sagt Lena Eklund und lächelt dabei. Das findet auch Jonas, der Jüngste an Schwedens kleinster Schule. Er will jetzt endlich mit seiner Lehrerin zusammen lesen. Sollen sich Sven und Erik doch alleine die Köpfe über ihren Rechnungen zerbrechen.

## *Die Post schwebt übers Eis*

*Im Stockholmer Schärengarten werden die Briefe im Winter mit dem Luftkissenboot geliefert*

Ungeduldig wartet der alte Mann auf der Schäreninsel Möja auf den Lärm des Luftkissenbootes. Jeden Augenblick muss die Post kommen. Er steht vor dem kleinen Holzhäuschen neben der Landungsbrücke, seine behandschuhten Hände umfassen ein Paket. »Für den Geburtstag von Björn«, sagt er ruhig. Und fügt wie zur Erklärung hinzu: »Mein Enkel.« Der alte Herr hat den Schal fest um den Hals gewickelt. Die blaue Pudelmütze, die er tief ins Gesicht gezogen trägt, begleitet ihn sicherlich schon etliche Jahre. Was wohl in dem Paket sein mag? Zu kaufen gibt es hier auf der Insel nichts. Normalerweise nehmen die Pakete hier den Weg in die umgekehrte Richtung: kommen vom Festland, von Versandhäusern oder Verwandten, hierher auf die kleine Insel.

Auf den Stockholmer Schäreninseln ist man im Winter auf Carepakete angewiesen. Es sind vor allem die Alten, die hier noch leben, hier ausharren, während die Jungen, sobald das Meer zufriert, zurück aufs Festland ziehen. Dann, in den langen Wintermonaten, gibt es keine Arbeit für sie auf den Inseln. Und für die tägliche Fahrt in die Stadt wäre der Weg zu beschwerlich.

Anders im Sommer: Dann sind die Stockholmer Schäreninseln ein beliebtes Ausflugsziel. Ausflugsboote laufen dann die meisten der bewohnten Inseln mehrmals täglich an. Jetzt aber, im kalten Februar, ist Jan Kennebäck der Einzige, der regelmäßig auf Möja vorbeischaut. Fünfmal in der Woche taucht er mit dem gelben Luftkissenboot der Post vor den Inseln des Archipels auf. Doch nur auf Möja gibt es ein richtiges Postamt. Es ist täglich eine halbe Stunde geöffnet – von viertel nach neun bis viertel vor zehn. Zumindest dann, wenn Postbote Kennebäck nicht durch widriges Wetter aufgehalten wird. Das aber passiert selten. Das Luftkissenboot trotzt auch schwedischen Wetterkapriolen.

Früher, vor vielen Jahrzehnten, wurde im Stockholmer Schärengarten im Winter die Post noch auf Skiern ausgetragen. Da kam es schon manchmal zu Verspätungen. Doch den Postillon, der auf Skiern übers zugefrorene Eis kam, hat auch der alte Herr, der mit mir an der Landungsbrücke wartet, nicht mehr erlebt. Ebenso wenig kann er sich an die Zeiten erinnern, als die Postsäcke, an Fallschirmen befestigt, vom Himmel schwebten. Eines weiß er aber noch sehr gut: Dass die Post in den fünfziger, sechziger und siebziger Jahren auf den Schäreninseln per Helikopter ausgeflogen wurde.

Kennebäck kann fast bis zur Tür seines Postamtes »fliegen«. Das Luftkissenboot schwebt auch übers Festland. Vom »Parkplatz« für das Boot bis zur Post sind es nur ein paar Schritte durch den Schnee. Auf dem kurzen Weg dorthin begrüßt der fliegende Postmann schon seinen einzigen Kunden.

Viele Worte wechseln er und der alte Herr nicht. »Das soll aufs Festland«, erklärt der Alte dem Postbeamten kurz angebunden – und meint damit wohl, dass das Paket nach Stockholm müsse. »Das macht hundertfünfzig Kronen«, erwidert Kennebäck ebenso kurz. Damit hat er dem alten Herrn einen Schnäppchenpreis gemacht; Svenska Posten zeigt sich wieder einmal spendabel. Denn selbst wer seine Post mit dem Luftkissenboot geliefert bekommt, braucht nicht mehr zu bezahlen als jemand aus Stockholm. Würde man den Kunden die tatsächlich entstehenden Kosten für den Transport zwischen Möja und Stockholm in Rechnung stellen, so könnte es sich kein Mensch mehr auf der Insel leisten, Päckchen zu verschicken.

Kennebäck ist aber nicht nur für Pakete und Briefe, sondern auch für Sonderwünsche zuständig. Und der alte Herr hat einen ganz besonderen: »Könntest du mir bis zum nächsten Mal bitte fünf Dosen Snus mitbringen?«, fragt er den Jüngeren. Kennebäck nickt. Zwar steht es nicht auf der Pflichtenliste der Post, schwedischen Kautabak zu liefern. Doch Kennebäck weiß, dass er für die meisten Inselbewohner viel mehr ist als nur der Briefträger. Er ist ihr Verbindungsglied zur Außenwelt – und als solches bringt er auch die neuesten Zeitungen aus der Großstadt mit und den Tratsch von der Nachbarinsel. Und er erfüllt schon mal einen Sonderwunsch, wie den nach Kautabak.

Hundertzwanzig Kilometer legt Kennebäck täglich mit dem Luftkissenboot zurück. Etwa achtzig Haushalte besucht er Tag für Tag auf seiner Tour. Dafür braucht er fünf Stunden, und damit er seinen Zeit- und Routenplan einhalten kann, schließt Kennebäck nach nur einer halben Stunde die Tür des Minipostamtes auf Möja hinter sich zu. Der ältere Herr hat sich inzwischen verabschiedet. Er stapft zufrieden durch den Schnee, weiß er doch, dass sein Enkel das Geschenk am nächsten Tag in den Händen halten wird – und er seinen Kautabak.

Doch Möja ist nicht die letzte Station von Kennebäck. Er setzt seinen Weg fort nach Södra Stavsudda. Dort gibt es keine eigene Poststation, sondern nur eine lange Reihe grüner Briefkästen an der Anlegestelle. Da man auf den Schäreninseln genügend Zeit hat, reicht es den wenigen Bewohnern meist, wenn sie irgendwann im Laufe des Tages ihre Post abholen. Oder auch erst am nächsten Tag – je nachdem, wie stark der Schneefall ist oder der Sturm tobt. Kein Wunder: Für manchen ist der Weg zum Briefkasten alles andere als kurz. Ein bis zwei Kilometer sind normal.

Ann Brisius hat die Kälte nicht abgeschreckt, zur Anlegestelle zu kommen und Kennebäck zu begrüßen. Sie möchte zwar nur einen Brief abgeben, verbindet diese Aufgabe aber mit einem ausführlichen Schwatz mit dem Postmann – und mit einem dicken Lob an ihn: »Unsere Postler sind die besten der Welt«, sagt sie und lächelt Kennebäck an. Der lächelt zurück und erwidert das Kompliment. Er mache zwar denselben Job wie seine Kollegen an Land, sagt er, doch seine Kunden seien viel dankbarer. Häufig werde er zu Kaffee und Kuchen eingeladen. Ann Brisius hat den Wink mit dem Zaunpfahl verstanden: Morgen wird sie sicherlich mit Thermoskanne und Frischhaltedose zur Anlegestelle von Södra Stavsudda kommen.

## *Stockholmer Stimmungen*

# *Dem Himmel entgegen*

*Mit dem Ballon über Stockholm*

»Fahren und Fliegen« – welcher Name könnte passender sein für ein Unternehmen, das Ballonflüge organisiert? Mit »Far & Flyg« werde ich jedenfalls über Stockholm fahren. Der Mann am Brenner heißt Kjell Abrahamsson. Kjell ist Anfang dreißig und einer, der viel lacht, aber wenig spricht. Und er ist groß und blond – gerade so, wie man sich einen Schweden vorstellt. Die kurzen Haare hat Kjell unter einer grauen Baseballkappe versteckt. Und die trägt er so stolz wie der Kapitän eines Ozeanliners seine Kapitänsmütze.

So etwas Ähnliches ist er ja auch – nur eben ein Kapitän der Lüfte. Im Kleinbus samt Anhänger geht es zunächst von unserem Treffpunkt quer durch die Stadt; Kjell sucht einen guten Startpunkt für den Ballon. Denn der Wind bestimmt, wo die Tour beginnt. »Die Fahrt!«, betont Kjell nochmals: »Ein Ballon fliegt nicht«, rügt er meinen Nebenmann. Bei seinem Firmennamen »Fahren und Fliegen« war Kjell offenbar toleranter.

Nach halbstündiger Fahrt – jetzt noch mit dem Auto – bringt Kjell den Wagen in der Nähe des Kaknästorn zum Stehen. Davor hatte er den Wagen immer wieder angehalten, die Karte intensiv studiert, und das Ganze mit schweigendem Grübeln garniert. Jetzt sind wir da. Vor dem Kaknästorn dürfen wir aussteigen. Der Turm ist mit hundertfünfundfünfzig Metern das höchste Bauwerk Stockholms. Welcher Ort könnte als Startpunkt für Himmelstürmer wie uns passender sein?

Wir, das sind zehn neugierige Touristen und Kjell. Gut, dass der Flug ausgebucht ist, denn es braucht viele Hände, das Fluggerät aufzubauen. Wir wuchten den Korb vom Hänger, heben die riesige Tasche mit der Ballonhülle herunter, legen die Hülle aus und füllen schließlich den Ballon mit heißer Luft. Und davon brauchen wir jede Menge: Zunächst wird kalte Luft in den Ballon gepumpt, und diese dann mit einem Brenner auf achtzig bis hundert Grad erwärmt. Mit der heißen Luft steigt auch der Ballon nach oben.

Kjell gibt seine Anweisungen ruhig. Wir Fluglaien gehorchen brav, ziehen mal hier, halten mal da, oder bringen den Brenner in Stellung. Es gibt viel zu tun, bevor Ballonfahrer vom Erdboden abheben können. Es vergehen auch nur wenige Minuten, und schon sind wir Statisten für Fotos und Heimvideos. Bald stehen um uns so viele Zuschauer, dass mancher Fußball-Bezirksligist neidisch wäre. Es stört mich nicht, denn ich erinnere mich gut: Wann immer in meiner Jugend ein Heißluftballon in der Nähe unseres Hauses startete, flitzte ich mit dem Fahrrad dorthin und sah neugierig zu. Dieselbe Faszination scheinen Heißluftballone auf Menschen bis heute auszuüben.

Einer unserer Zaungäste fragt sogar nach einem Last-Minute-Ticket. Doch unser Ballon ist kein Billigflieger – auch deswegen muss Kjell dem Interessenten eine Absage erteilen. Er dürfe aber gerne helfen, fordert Kjell den Ballonfan auf – was dieser ohne zu zögern auch tut. Die zusätzliche Hilfe können wir gut gebrauchen, denn inzwischen drängt es den gefüllten Ballon nach oben. Wir klettern ungeduldig in den Korb, würden gerne endlich abheben, doch Kjell zupft noch hier an einer Leine, richtet da noch das GPS ein oder wechselt die Gasflasche aus – und erst, als auch er mit den Vorbereitungen fertig ist und das Kommando gibt, lassen die Helfer die Leinen los. Die Fahrt über die Stadt beginnt.

Fast unmerklich erhebt sich unser Ballon. Dennoch gewinnen wir schnell an Höhe, lassen den Kaknästorn bald tief unter und dann weit hinter uns. Der Wind wählt unsere Reiseroute, treibt uns nach Westen, Richtung Stadtzentrum. Der hohe Turm des Stadshuset am Ufer des Mälarsees kommt immer näher, ebenso Gamla Stan mit dem Schloss und der Riddarholmkyrka. Und weit hinten am Horizont, vom Dunst der Großstadt in sanftes Licht getaucht, sehe ich den Globen, die große Sportarena, die wie ein überdimensionales Ei über den südlichen Stadtrand ragt.

In seinen Werbebroschüren nennt sich Stockholm gerne »das Venedig des Nordens«, dabei hat die Stadt Vergleiche eigentlich nicht nötig: Sie überzeugt mit ihrer eigenen, unverwechselbaren Schönheit. Doch wie Venedig ist auch Stockholm eine Stadt des Wassers. Wie sehr, das wird uns hier oben bewusst: vor uns das Meer mit seinen Tausenden von Inseln. Unter uns kleine Seen, Tümpel und Flüsse, und weit im Westen der Mälaren, der große See, an dessen Ufer Teile der Stadt liegen. Aber Stockholm ist von oben nicht nur blau. Auch viel Grün ist zu sehen – riesige Parkflächen innerhalb der Stadtgrenze. Auch der Ekoparken, der einzige innerstädtische Nationalpark der Welt, liegt hier.

Vier-, fünfhundert Meter über der Stadt gleiten wir dahin. Ich sehe die Menschen unter uns in den Straßen. Winzig klein zwar, doch wenn sie ihre Köpfe heben und zu uns hinaufblicken, erkenne ich das mit freiem Auge. Manche winken uns auch zu – und manchmal winke ich zurück. Doch die meiste Zeit genieße ich einfach die Stille, die allerdings in regelmäßigen Abständen durch das laute Fauchen des Brenners gestört wird. Denn um die Höhe zu halten, muss immer wieder nachgeheizt werden.

Vielleicht sind alle Ballonfahrer so schweigsam wie Kjell, weil eine lange Unterhaltung hier oben gar nicht möglich ist. Wer zu viel spricht, dessen Worte werden vom Lärm des Brenners unterbrochen. Und vielleicht lachen alle Ballonfahrer so gerne wie Kjell, weil sie jeden Tag diesen großartigen Ausblick genießen dürfen. Selbst die Vorstädte Stockholms, in denen sich etliche Bausünden befinden, wirken von hier oben attraktiv. Und ein bisschen erinnern die in strenge geometrische Formen gezwängten Viertel mit ihren Fünfgeschossern aus der Luft an Gemälde im Stil des Konstruktivismus und der klassischen Moderne – Malewitsch und Mondrian lassen grüßen.

Nach knapp einer Stunde Fahrt senkt sich unser Ballon langsam. Wir nähern uns dem Landeplatz, dem alten Flugplatz von Barkaby. Erstmals seit dem Start meldet sich unser schweigsamer Kapitän wieder zu Wort. »Haltet euch gut fest! Geht leicht in die Knie! Und – ganz wichtig – verlasst den Korb nicht ohne meine Erlaubnis!«, instruiert er uns für die Landung. Als wären wir ein Flieger, setzen wir punktgenau auf der Landebahn des alten Flughafens auf. Respekt, Kjell!, denke ich. Doch noch bevor ich mein Lob aussprechen kann, hebt der Ballon wieder ab und hopp, hopp, hopp und flopp – landen wir mit umgestürztem Korb auf der Wiese neben der Landebahn. Das sei normal, sagt Kjell völlig gefasst: Heißluftballone seien den Launen des Windes ausgeliefert – »und haben eben keine Steuerknüppel«.

## *Streicheln auf der Haut*

*Ein Spätsommerabend am Ufer des Mälarsees*

Langes blondes Haar, ein weißes T-Shirt, ausgewaschene Jeans. Regungslos steht sie am Wasser, mit dem Rücken zu mir. Blickt hinaus auf den See. Der Wind hat leicht aufgefrischt. Spürt sie wie ich den kühlen Luftzug im Nacken? Noch kämpfen die letzten Strahlen der Abendsonne gegen die Kälte an. Streicheln mir warm über die Wange, als verabschiedeten sie sich von einem Freund, dem man versichern möchte, dass man bald wieder zurückkehren werde.

Langsam zieht ein weißes Schiff vorbei. Es ist auf dem Weg zur Anlegestelle. Dort wird es von schreienden Möwen begrüßt. Die weißen Vögel hoffen wohl auf ein Abendessen, spendiert von den Gästen auf dem Schiff.

Jenseits des Wassers, auf einer Insel, steht eine Kirche aus rotem Backstein. Eingeklemmt zwischen gelben Häusern, reckt sie ihren Turm in die Höhe. Dort drüben am Ufer unter Bäumen stehen auch ein paar Bänke. Menschen sitzen darauf. Ihre Gesichter sind von hier aus nicht zu erkennen. Aber ich stelle mir vor, dass sie zufrieden aussehen. Mit geschlossenen Augen die Abendsonne genießen oder auf den See hinausblicken. Den alten Dampfschiffen zuschauen, die langsam über das Wasser tuckern und die aus einer Zeit stammen, in der man noch keine Eile kannte. Diese Gemütlichkeit haben die Schiffe mit in die Moderne genommen. Wer mit ihnen unterwegs ist, hat keine Hast. Nimmt eine Auszeit vom Jetzt. Lässt die Landschaft in Zeitlupe an sich vorbeigleiten.

Ich nähere mich einen Schritt dem See. Atme den Geruch des Wassers ein. Gegen diese Frische kommen auch die Autos nicht an, die nicht weit hinter mir die Straße entlangrollen. Die meisten ihrer Fahrer befinden sich wohl auf dem Weg nach Hause. Wenn sie sich beeilen, ergattern auch sie noch ein paar Strahlen der Sonne – auf dem Balkon oder im Garten.

Erneut zieht ein Schiff meinen Blick auf sich. Es fährt ebenfalls der Anlegestelle entgegen, treibt kleine Wellen vor sich her. Die blau-gelbe Fahne am Heck flattert im Abendwind. An Deck eine kleine Frau im leichten Sommerkleid. Sie fröstelt, hat die Jacke eng um ihre zierliche Taille gezogen. Der Mann neben ihr trotzt in Shorts und kurzem Hemd tapfer dem kühlen Abendwind: Er hält die Arme vor seinem schweren Körper verschränkt.

Die Unbekannte vor mir am Kai dreht sich um. In der Hand hält sie eine Kamera. Hat sie das einlaufende Schiff im Abendlicht fotografiert, im Hintergrund die malerische Insel mit der Kirche? Vielleicht. Aber es wird ihr nicht gelungen sein, den wirklichen Anblick des abendlichen Stockholms zu bannen. Die Schreie der Möwen, den Geruch des Wassers, den Hauch des Abendwinds auf der Haut und das zärtliche Streicheln der Sonne – all das wird auf ihrem Bild fehlen.

## *Danksagung*

Ich bedanke mich bei Martina Hahn für ihre Hilfe. Sie hat durch ihre Ideen wesentlich zum Entstehen dieses Buches beigetragen.